Carmen Cagnoni

Receitas Maravilhosas
Peixes e Frutos do Mar

1ª EDIÇÃO • BRASIL • 2019

Lafonte

Título original: *Receitas Maravilhosas - Peixes e Frutos do Mar*
Copyright © Editora Lafonte Ltda., 2019

Todos os direitos reservados.
Nenhuma parte deste livro pode ser reproduzida sob quaisquer meios existentes sem autorização por escrito dos editores.

Direção Editorial *Ethel Santaella*

Produção Culinária e Fotos: *Bira Prado, Danilo Tanaka, Fabrizio Pepe, Fernando Ricci, Luna Garcia, Mauro Holanda, Acervo Editora Escala e Shutterstock.com*
Projeto Gráfico: *Marcelo Almeida*
Produção Gráfica: *Giliard Andrade*

Coordenação Editorial e Edição de Textos: *Carmen Cagnoni*
Revisão: *Ellen Guilhen*
Consultoria Culinária: *Bel Chantre, culinarista*
Diagramação e Capa: *Ariana Assumpção*

Dados Internacionais de Catalogação na Publicação (CIP)
(Câmara Brasileira do Livro, SP, Brasil)

Receitas maravilhosas : peixes e frutos do mar / coordenação Carmen Cagnoni. -- São Paulo : Lafonte, 2019.

ISBN 978-85-8186-388-7

1. Culinária (Peixes) 2. Culinária (Frutos do mar) 3. Receitas I. Cagnoni, Carmen.

19-28565 CDD-641.63

Índices para catálogo sistemático:

1. Peixes e frutos do mar : Receitas : Culinária
   641.63

Cibele Maria Dias - Bibliotecária - CRB-8/9427

1ª edição: 2019
Direitos de edição em língua portuguesa, para o Brasil, adquiridos por Editora Lafonte Ltda.

Av. Profa. Ida Kolb, 551 - 3º andar - São Paulo - SP - CEP 02518-000
Tel.: 55 11 3855-2286
atendimento@editoralafonte.com.br * www.editoralafonte.com.br

Impressão e acabamento:
Gráfica Oceano

Apresentação
Sabor e riqueza que nasce nas águas

Em ocasiões especiais ou no dia a dia, peixes e frutos do mar são alimentos cada vez mais valorizados por seu sabor e benefícios à saúde. Versáteis, aceitam muitas formas de preparo e surpreendem em petiscos, saladas, risotos, ensopados, tortas e lanches.

Poder reunir a família ou os amigos para um encontro ao redor da mesa e oferecer um prato preparado por você é sempre motivo de celebração. A doação de tempo no preparo, a atenção aos detalhes na elaboração, o zelo com os ingredientes acrescentados, a decoração feita com alegria. Tudo isso, junto e misturado, é finalizado no momento de cada um saborear a receita escolhida para a ocasião. E surpreender na escolha do prato faz parte desse ritual de amor.

Nesta edição da Coleção Receitas Maravilhosas, elegemos Peixes e Frutos do Mar como protagonistas da mesa. Além de saborosos e de fácil digestão, eles são ricos em nutrientes e proteínas de boa qualidade, o que os torna muito importantes para a nossa saúde. Outra vantagem é que o preparo, no geral, não demanda tempo demasiado, ao contrário: há receitas de rápida elaboração.

A atenção aos ingredientes deve estar na hora da compra, sempre observando a higiene do local de venda, bem como a qualidade do alimento. Outro cuidado é seguir o tempo indicado para o preparo, uma vez que quando ultrapassado pode comprometer a consistência ideal da iguaria. E lembre-se: uma pitada pessoal sempre é bem-vinda no preparo de receitas, mas neste caso não exagere nos condimentos, pois em excesso eles podem camuflar o sabor original da comida.

Neste livro, selecionamos 140 ideias incluindo as clássicas, como Peixe Ensopado e Moqueca de Camarão, a outras inovadoras e surpreendentes. Tudo para você deliciar seus convidados com o que há de melhor. Claro, também há opções para quem deseja cozinhar para si próprio, inovando a culinária diária. Dados da Organização Mundial de Saúde (OMS) indicam que o consumo de peixe deve ser realizado duas vezes por semana, pelo menos. Sendo assim, com as opções descritas neste livro, há possibilidade de inovar o ano inteiro e ainda sobrar muitas receitas para experimentar. Delicie-se e encante!

Carmen Cagnoni

Índice

Petiscos
Bolinhos, patês e outras delícias para acompanhar um bate-papo 08

- Bolinho assado com recheio de camarão 12
- Bolinho de salmão 14
- Bolinho de sardinha 10
- Grelhado de camarão 18
- Patê de salmão 16
- Patê de sardinha com ervas 17
- Sardinha à escabeche 19

Entradas
Elas anunciam uma refeição especial e despertam o paladar 20

- Alcachofra recheada 22
- Batata recheada com atum 42
- Ceviche de peixe branco 37
- Ceviche Krunch Kamakura 26
- Coquetel de camarão 32
- Forminhas de atum 38
- Mexilhões gratinados 39
- Musse de abacate e salmão defumado 36
- Salmão no espeto 43
- Siri na tigela 40
- Sopa de batata, atum e agrião 24
- Sushi Califórnia 28
- Sushi de pão 34
- Tartar de palmito com atum 33
- Tartar de salmão e atum 30
- Tomates recheados com bacalhau 25

Saladas
Peixes e frutos do mar na companhia de massas, legumes, verduras e frutas 44

- Salada de atum ao curry 55
- Salada de atum ao molho de aceto balsâmico 58
- Salada de atum com molho de iogurte 54
- Salada de avocado com kanikama 60
- Salada de bacalhau com massa fria 46
- Salada de bacalhau e cebolas confitadas ... 56
- Salada de camarão com tartar de manga ... 61
- Salada de salmão 48
- Salada de salmão, fusilli e abobrinha 50
- Salada primavera 52

Pratos principais com peixes e frutos do mar

Eles fazem sucesso grelhados, assados, cozidos ou fritos 62

GRELHADOS

- Atum colorido 88
- Bacalhau agridoce 76
- Cubos de peixe com molho de nozes 77
- Filé de peixe com chutney de damasco..... 66
- Filé de tilápia com legumes e maçã 74
- Filé de truta ao molho de laranja e rooibos 65
- Linguado ao molho de carambola 72
- Linguado ao molho de limão 84
- Linguado com pesto de rúcula 78
- Linguado com tangerina e gengibre 82
- Ndolé 86
- Peixe com molho de laranja-amarga e gengibre 68
- Pescada ao molho de nozes 73
- Pescado com molho de abobrinhas 70
- Salmão a Grécia 64
- Salmão com alcaparras e aspargos 87
- Salmão com molho de acerola e mel 80
- Sardinha com legumes e castanhas 83

ASSADOS

- Abobrinha recheada com atum 104
- Bacalhau gratinado 112
- Badejo assado com batata-doce 101
- Badejo com tomate 108
- Enroladinho de peixe com shitake 126
- Filé de peixe branco com ervas e feno-grego 130
- Filé de peixe com camarão 133
- Filé de peixe com requeijão 122
- Filé de pescada ao molho de iogurte 98
- Filé de pescada com molho de agrião 128
- Linguado assado com ervas finas 94
- Linguado com amêndoas 132
- Linguado com ricota e limão-cravo 96
- Lula com espinafre em camadas 127
- Moedas de peixe 116
- Papillote de salmão com legumes 92
- Peixe com escamas de legumes 93
- Peixe crocante 121
- Peixe rolê 110
- Pescada assada com pasta de pimentão 105
- Pescada com alecrim 90
- Quibe de atum 100
- Robalo assado 118
- Rolinhos surpresa 106
- Salmão ao forno 120
- Salmão assado na folha de bananeira 107
- Salmão com crosta de linhaça dourada 95
- Salmão com tempero de mexerica 99
- Salmão em crosta com purê de batata-doce 102
- Salmão especial com legumes e alçafrão 114
- Sardinha empanada 124
- Sardinhas recheadas com ervas 134

COZIDOS/ENSOPADOS

- Atum gratinado 144
- Bacalhau com farofa de couve 150
- Bacalhau de festa 141
- Bobó de camarão 149
- Caldeirada de peixe, camarão e lula 152
- Camarão ao curry 158
- Camarão com purê de
  couve-flor 156
- Camarão na moranga 142
- Camarão tropical 145
- Carciofo Farcito 159
- Escondidinho de atum 138
- Escondidinho de bacalhau 146
- Gratinado de bacalhau com
  alcaparras e tomate 154
- Moqueca de camarão 155
- Moqueca de peixe ao leite de coco 140
- Moqueca de peixe apimentada 136
- Peixe com legumes no micro-ondas 151
- Peixe ensopado 148

FRITOS

- Cavaquinha com cuscuz marroquino 160
- Filé de peixe com crosta de ervas 166
- Peixe com gergelim 164
- Surubim com espuma de coco
  e chicória frita 162
- Tilápia com banana e purê de coentro 167

Massas
Curtas, longas ou recheadas, esbanjam sabor com iguarias do mar 168

- Conchiglione de camarão 178
- Espaguete com camarão 174
- Espaguete com frutos do mar 177
- Macarrão maravilha 179
- Parafuso com atum ao molho branco 173
- Penne com atum, brócolis
  e tomate-cereja 170
- Penne com bacalhau 172
- Penne na moranga com camarão 176
- Talharim com lulas 180

Risotos
Cremosidade e o rico sabor de camarão, salmão e outras delícias 182

> Arroz com sardinha e ovo 196
> Arroz cremoso com camarão
>   e curry 190
> Arroz de forno com bacalhau
>   e batata-doce 194
> Risoto de camarão 184
> Risoto de camarão e cereais 187
> Risoto de quinoa com lula e açafrão 191
> Risoto de salmão 188
> Risoto de salmão com alho negro 192
> Risoto de sardinha e espinafre 186
> Risoto de vôngole 193

Tortas & Cia.
Receitas saborosas e caprichadas fazem a festa a qualquer hora 198

> Bolo salgado de atum 204
> Bolo salgado de camarão 208
> Crepe com salmão e cream cheese 210
> Empadão de atum 206
> Quiche de brócolis com kanikama 200
> Torta de iogurte com sardinha 211
> Trança de atum e champignon 202

Lanches
Ideias leves e saborosas para uma refeição rápida e de qualidade 212

> Atum no pão multigrãos 219
> Lanche com ricota e salmão 218
> Pizza de atum 223
> Pizza de sardinha 220
> Sanduíche de atum com abacate 216
> Sanduíche expresso de kani 222
> Wrap de alface com atum 214
> Wrap de salmão com cream cheese 217

Petiscos

Bolinhos, patês e outras delícias para acompanhar um bate-papo

30 MINUTOS DE PREPARO
5 PORÇÕES

Bolinho de **sardinha**

Ingredientes

- 1 lata de sardinha
- 2 ovos
- Salsinha a gosto
- 4 pimentas-biquinho
- ½ cebola roxa
- Raspas de um limão
- 5 col. (sopa) de farinha de trigo
- Óleo para fritar

Modo de preparo

Coloque as sardinhas em uma tigela grande e amasse bem. Acrescente os ovos e misture até ficar homogêneo. Em seguida, adicione a salsinha, a pimenta-biquinho picadinha, a cebola picada e as raspas de limão. Pouco a pouco, junte a farinha de trigo e vá misturando até obter uma massa firme. Coloque óleo em um frigideira antiaderente e aqueça em alta temperatura. Pegue um pouco da massa, molde com as mãos e leve para dourar dos dois lados.

Escorra e sirva a seguir.

Petiscos
Balinhos, patês e outras delícias para acompanhar um bate-papo

1 HORA DE PREPARO
6 PORÇÕES

Bolinho assado com recheio de camarão

Ingredientes

- 2 col. (sopa) de azeite
- 2 dentes de alho picados
- 1 cebola picada
- 100 g de camarão limpo
- Sal, orégano, salsinha e cebolinha a gosto
- ½ xíc. (chá) de leite
- 4 col. (sopa) de farinha de trigo
- 3 col. (sopa) de linhaça triturada
- Farinha de rosca para empanar
- Margarina para untar

Modo de preparo

Em uma panela, aqueça o azeite e refogue o alho e a cebola. Adicione o camarão, o sal, o orégano, a salsinha e a cebolinha. Mexa bem.

Acrescente o leite e cozinhe até ferver.

Desligue o fogo e junte a farinha e a linhaça. Mexa para incorporar bem. Volte a mistura para o fogão e mexa por mais 5 minutos. Se necessário, adicione mais leite até dar o ponto de enrolar. Deixe amornar e enrole bolinhas. Passe na farinha de rosca e coloque em uma fôrma untada. Leve ao forno até dourar.

Sirva com o molho de sua preferência.

Petiscos
Bolinhos, patés e outras delícias para acompanhar um bate-papo

Receitas Maravilhosas
Peixes e Frutos do Mar

Petiscos
Bolinhos, patês e outras delícias para acompanhar um bate-papo

1 HORA E 30 MINUTOS DE PREPARO
8 PORÇÕES

Bolinho
de salmão

Ingredientes
- 4 filés de salmão
- 2 col. (sopa) de azeite
- 3 xíc. (chá) de batata descascada em cubos grandes
- 2 ovos batidos
- Sal e pimenta a gosto
- Farinha de rosca para empanar
- Fubá ou amido de milho para polvilhar

Modo de preparo

Preaqueça o forno a 180 °C. Coloque o salmão em um refratário, regue com metade do azeite, tampe e asse por cerca de 25 minutos.

Cozinhe as batatas em uma panela com água por 20 minutos, até que fiquem tenras. Escorra e amasse-as grosseiramente. Tire o salmão do forno, retire e descarte a pele e amasse a carne com um garfo de fôrma a obter lascas. Misture-as com a batata amassada, metade dos ovos batidos e um pouco de sal e pimenta, com cuidado para não quebrar as lascas de peixe. Com as mãos umedecidas, separe a mistura em oito bolas, achatando-as ligeiramente.

Espalhe a farinha de rosca em um prato e o fubá (ou o amido de milho) em outro. Passe os bolinhos na farinha de rosca, no restante dos ovos batidos e no fubá, cobrindo bem cada um. Envolva com filme plástico e deixe na geladeira por aproximadamente 1 hora.

Aqueça o azeite restante em uma frigideira grande e antiaderente. Coloque os bolinhos aos poucos e grelhe por cerca de 5 minutos de cada lado, até que dourem e fiquem crocantes. Sirva com salada verde.

20 MINUTOS DE PREPARO
10 PORÇÕES

Patê de salmão

Ingredientes

- 1 col. (chá) de gelatina sem sabor
- 1 xíc. (chá) de salmão defumado, grosseiramente cortado
- 1 xíc. (chá) de queijo coalho ralado
- 2 col. (sopa) de suco de limão
- Sal a gosto

Modo de preparo

Coloque três colheres (sopa) de água fria numa panela pequena, despeje a gelatina sem sabor e deixe amolecer por cinco minutos. Aqueça em fogo baixo, mexendo até a gelatina dissolver. Reserve.

No processador, misture o salmão, o queijo coalho e o suco de limão. Bata até ficar macio e tempere com sal. Mantenha o processador ligado e acrescente aos poucos a gelatina fria, batendo até misturar bem. Acerte o sal.

Despeje delicadamente a mistura num recipiente de vidro, cubra com filme plástico e deixe na geladeira por no mínimo duas horas para ficar consistente.

10 MINUTOS DE PREPARO
8 PORÇÕES

Patê de sardinha com ervas

Ingredientes
- 2 latas de sardinha
- 200 g de ricota
- 2 col. (sopa) de ervas picadas (manjericão, alecrim, orégano)
- 1 col. (sopa) de azeite
- 1 col. (sopa) de mostarda

Modo de preparo

Bata no liquidificador a sardinha, a ricota, as ervas, o azeite e a mostarda até formar uma mistura homogênea (se necessário, adicione mais um fio de azeite).

Transfira o patê para um potinho e sirva com os pãezinhos diversos ou torradas.

⏱ 45 MINUTOS DE PREPARO
🍴 2 PORÇÕES

Grelhado de **camarão**

Ingredientes

> 10 camarões médios sem casca
> 2 dentes de alho esmagados
> 2 col. (chá) de salsa
> Suco de 1 limão
> Sal a gosto

Modo de preparo

Misture todos os ingredientes do tempero. Junte os camarões e deixe descansar por 30 minutos. Coloque em espetos e leve ao fogo para grelhar. Sirva com o molho de sua preferência.

40 MINUTOS
DE PREPARO
5 PORÇÕES

Sardinha à **escabeche**

Ingredientes

- 1 cebola
- 500 g de filé de sardinha
- 1 tomate
- ½ pimentão verde
- ½ pimentão vermelho
- 2 dentes de alho amassados
- 1 ramo de salsinha
- Sal e pimenta a gosto
- 1 col. (sopa) de azeite
- ¼ de xícara (chá) de vinagre

Modo de preparo

Na panela de pressão, espalhe uma camada de cebola cortada em rodelas. Por cima, coloque as sardinhas. Faça camadas com os demais ingredientes. Finalize com azeite e vinagre.

Leve ao fogo e, quando começar a ferver, deixe mais 20 minutos. Apague o fogo e só abra a panela quando estiver totalmente fria.

Retire as sardinhas da panela, coloque em uma travessa e sirva com pães ou torradinhas.

Entradas

Elas anunciam uma refeição especial e despertam o paladar

Receitas Maravilhosas
Peixes e Frutos do Mar

1 HORA DE PREPARO
5 PORÇÕES

Alcachofra recheada

Ingredientes

- 1 col. (sopa) de farinha de trigo
- 2 col. (sopa) de manteiga
- 1 col. (sopa) de cebola
- ½ xíc. (chá) de camarões pequenos
- Sal e pimenta a gosto
- 1 caixa (200 g) de creme de leite
- 5 fundos de alcachofra
- 2 col. (sopa) de queijo parmesão

Modo de preparo

Prepare a base para o molho branco (roux) misturando a farinha a uma colher de manteiga derretida. Mexa bem e reserve.

Em uma panela preaquecida, acrescente uma colher de manteiga e a cebola e deixe fritar sem dourar. Junte os camarões, tempere com sal e pimenta a gosto e deixe dourar até quase secar a água.

Adicione o creme de leite e deixe ferver. Junte o roux reservado e mexa sem parar para não empelotar. Faça uma cavidade na alcachofra – pressionando o dedo no centro – e recheie com o preparo acima.

Salpique o queijo e leve para gratinar.

Entradas
Elas anunciam uma refeição especial e despertam o paladar

45 MINUTOS DE PREPARO
4 PORÇÕES

Sopa de batata, atum e agrião

Ingredientes

- 2 col. (sopa) de azeite
- 1 cebola picada
- 2 batatas
- 1 e ½ litro de água
- 3 xíc. (chá) de folhas de agrião fresco
- 1 dente de alho
- 1 lata de atum sólido em água

Modo de preparo

Aqueça o azeite e doure levemente a cebola. Junte as batatas cortadas em cubos médios e refogue sem pressa. Acrescente um litro de água e cozinhe a mistura em fogo baixo, com a panela tampada, por cerca de 20 minutos. Retire do fogo, espere amornar e bata a sopa no liquidificador até obter um creme. Reserve.

Em outra panela, junte as folhas de agrião, o alho inteiro e 500 ml de água. Leve ao fogo baixo, com panela tampada, e cozinhe até as folhas ficarem bem macias.

Escorra e bata no liquidificador até que tudo fique bem triturado. Acrescente o agrião batido ao creme de batata. Leve ao fogo e espere levantar fervura para acrescentar o atum. Mexa bem e sirva em seguida.

30 MINUTOS
DE PREPARO
4 PORÇÕES

Tomates recheados com bacalhau

Ingredientes

- 2 col. (sopa) de azeite
- 2 xíc. (chá) de bacalhau dessalgado desfiado
- 8 folhas de espinafre higienizadas
- 2 ovos cozidos
- 1 iogurte natural
- 1 col. (chá) de mostarda
- Sal a gosto
- 4 tomates grandes e maduros
- 1 pitada de páprica picante
- Folhas de manjericão para decorar

Modo de preparo

Aqueça um pouco de azeite numa caçarola e salteie o bacalhau. Transfira para uma tigela, junte o espinafre picado e as claras de ovos picadas. Passe as gemas por uma peneira e reserve.

Prepare o molho misturando o iogurte, a mostarda e uma pitada de sal. Adicione ao bacalhau.

Lave os tomates, seque e retire a tampa, utilizando somente a base. Elimine as sementes e recheie com o bacalhau. Polvilhe com a gema de ovo e uma pitada de páprica.

Decore com uma folhinha de manjericão.

Receitas Maravilhosas
Peixes e Frutos do Mar

1 HORA
DE PREPARO
1 PORÇÃO

Ceviche Krunch Kamakura

Ingredientes
- 120 g de filé de salmão
- Sal a gosto
- 1 limão
- ½ pimentão vermelho
- ½ cebola roxa
- 1 unidade de endívia
- 3 folhas de massa harumaki (encontrada em lojas de produtos orientais) ou torradinhas a gosto
- Margarina para pincelar a massa harumaki

Modo de preparo
Corte o filé de salmão em cubos e acrescente sal. Esprema o limão sobre o peixe para marinar. Adicione o pimentão e a cebola em tiras finas. Misture bem. Reserve.

Corte as folhas de harumaki em quadrados, pincele-as com um pouco de margarina e asse-as em forno preaquecido.

MONTAGEM
Desfolhe a endívia e acomode em uma taça. Coloque o filé de salmão marinado.

Disponha a taça sobre um prato. Espalhe os quadradinhos de folha de harumaki crocante ou as torradinhas. Sirva em seguida.

Entradas
Elas anunciam uma refeição especial e despertam o paladar

Receitas Maravilhosas
Peixes e Frutos do Mar

35 MINUTOS DE PREPARO
8 PORÇÕES

Sushi
Califórnia

Ingredientes
- ¾ de xíc. (chá) de arroz japonês
- Tempero pronto para sushi
- 1 folha de alga marinha nori
- ½ xíc. (chá) de kanikama em cubinhos
- 1 xíc. (chá) de manga em cubinhos
- ½ xíc. (chá) de pepino em cubinhos
- 3 col. (sopa) de gergelim torrado

Modo de preparo
Prepare o arroz normalmente.

Transfira-o para um recipiente grande e adicione um pouco de tempero para sushi. Misture bem e deixe esfriar. Abra a alga marinha e espalhe o arroz sobre ela. Espalhe o kani, a manga e o pepino formando uma fileira em uma das bordas. Salpique gergelim.

Enrole e corte em oito pedaços iguais.

Entradas
Elas anunciam uma refeição especial e despertam o paladar

Receitas Maravilhosas
Peixes e Frutos do Mar

Entradas
Elas anunciam uma refeição especial e despertam o paladar

30 MINUTOS DE PREPARO
4 PORÇÕES

Tartar de salmão e atum

Ingredientes

TARTAR
- 150 g de chuchu cortado em cubos
- 150 g de lombo de salmão cru cortado em cubos
- 150 g de lombo de atum cru cortado em cubos

MOLHO
- 100 g de iogurte natural
- 80 ml de suco de limão-siciliano
- 50 ml de azeite
- 1 pitada de sal
- ½ colher (café) de pimenta-verde
- 30 g de gengibre ralado
- 30 g de cebolinha verde picadinha

DECORAÇÃO
- Molho wasabi para decorar (à venda em lojas de produtos orientais)
- Mix de ervas (salsa, dill e hortelã, ou as que você tiver em casa)

Modo de preparo

Cozinhe o chuchu al dente. Escorra, passe por água fria e leve à geladeira por 15 minutos.

Em uma tigela, prepare o molho misturando muito bem todos os ingredientes. Transfira para quatro potinhos individuais e reserve.

Com a ajuda de um aro de alumínio (que também pode ser feito com papel-alumínio), monte em cada prato o tartar: faça uma camada de salmão, uma de chuchu e finalize com atum. Retire o aro com cuidado.

Decore com wasabi e ervas e sirva com o molho.

20 MINUTOS DE PREPARO
7 PORÇÕES

Coquetel de camarão

Ingredientes

- 1,5 litros de água
- Sal a gosto
- 21 camarões-rosa limpos

MOLHO
- 8 col. (sopa) de maionese
- 8 col. (sopa) de creme de leite
- 4 col. (sopa) de ketchup
- 4 col. (chá) de conhaque

Modo de preparo

Em uma panela média, leve a água para ferver. Acrescente sal. Coloque, por 2 minutos, os camarões na água fervente. Retire-os com uma escumadeira e transfira para um recipiente. Cubra com filme plástico e leve à geladeira.

Enquanto os camarões esfriam, comece a fazer o molho.

MOLHO E MONTAGEM

Junte a maionese, o creme de leite, o ketchup e, por último, o conhaque. Mexa vigorosamente com um garfo até formar um creme homogêneo. Reserve.

Despeje o molho em sete taças ou copos pequenos. Distribua três camarões por taça de maneira harmoniosa com uma folha de coentro.

50 MINUTOS DE PREPARO
3 PORÇÕES

Tartar de palmito com atum

Ingredientes

- 5 unidades de palmito em conserva
- Suco de ½ laranja
- 1 col. (café) de gengibre ralado
- 1 col. (chá) de cebolinha picada
- 3 col. (sopa) de azeite de oliva extravirgem
- 600 g de atum cru cortado em cubos pequenos
- Suco de ½ limão
- Sal a gosto
- 3 pires de folhas verdes rasgadas
- 3 col. (chá) de mostarda

Modo de preparo

Misture o palmito picado com o suco de laranja, o gengibre, a cebolinha e metade do azeite.

Em outra tigela, tempere o atum com o suco do limão, o restante do azeite e sal. Agregue essa mistura ao palmito picado e temperado.

Distribua a mistura em três aros de 10 centímetros de diâmetro ou em xícaras (chá). Leve à geladeira por 30 minutos para firmar.

Distribua o mix de folhas verdes em três pratos, acomode o tartar sem o aro e derrame a mostarda para finalizar.

Receitas Maravilhosas
Peixes e Frutos do Mar

Entradas
Elas anunciam uma refeição especial e despertam o paladar

30 MINUTOS DE PREPARO
4 PORÇÕES

Sushi de pão

Ingredientes
- 2 col. (sobremesa) de requeijão
- 2 unidades de kanikama
- 4 fatias de pão de fôrma sem casca
- 4 col. (sobremesa) de cream cheese
- ½ pepino sem sementes cortado em palitos finos
- ½ manga firme cortada em palitos finos
- 1 col. (sopa) de gergelim
- 2 pires (café) de broto de alfafa
- 2 col. (café) de molho de soja
- 2 col. (chá) de azeite de oliva extravirgem

Modo de preparo

Misture o requeijão e o kani desfiado até formar uma pasta. Reserve.

Estique um filme plástico em uma bancada e coloque uma fatia do pão. Passe um rolo por cima da fatia para abrir a massa e compactá-la. Espalhe um pouco de cream cheese e vire as fatias para baixo. Do outro lado do pão, passe um pouco da pasta de kanikama. Coloque um palito de pepino e um de manga no centro da fatia. Enrole apertando bem com a ajuda do filme plástico. Corte em rolinhos pequenos e passe no gergelim.

Sirva com o broto de alfafa, temperado com o molho de soja e o azeite.

⏱ 40 MINUTOS DE PREPARO
🍴 4 PORÇÕES

Musse de abacate e salmão defumado

Ingredientes

MUSSE
- 2 abacates pequenos maduros
- 375 g de iogurte natural
- 1 maço de erva-doce
- Suco de ½ limão
- Sal e pimenta-do-reino a gosto

SALMÃO
- 200 g de salmão defumado
- Pimenta-do-reino e cebolinha fresca a gosto
- 1 col. (sopa) de azeite de oliva extravirgem
- Suco de ½ limão

Modo de preparo

MUSSE

Em um liquidificador, bata o abacate com o iogurte, a erva-doce picada, o suco de limão, o sal e a pimenta-do-reino.

Coloque a musse em uma saladeira, cubra com filme plástico e leve à geladeira.

SALMÃO

Corte o salmão defumado em pedaços pequenos. Tempere com a pimenta, a cebolinha, o azeite e o suco de limão. Misture bem.

Distribua a musse gelada em quatro taças e acomode sobre cada uma o preparado de salmão. Sirva em seguida.

30 MINUTOS DE PREPARO
4 PORÇÕES

Ceviche de peixe branco

Ingredientes

- 400 g de linguado fresco
- 1 col. (sobremesa) de gengibre ralado
- 1 pimenta-dedo-de-moça picada
- Suco de 6 limões
- Sal e coentro picado a gosto
- 1 cebola roxa média picada

Modo de preparo

Corte o linguado em cubos.

Misture o peixe com o gengibre ralado, a pimenta, o suco de limão e o sal. Deixe descansar por 15 minutos na geladeira.

Junte o coentro, a cebola e misture novamente. Com auxílio de um arco, monte o tartar nos pratos.

Sirva imediatamente.

50 MINUTOS DE PREPARO
6 PORÇÕES

Forminhas de atum

Ingredientes

- ¾ de xíc. (chá) de leite
- 1 lata de atum em água
- 3 ovos
- ⅓ de xíc. (chá) de pimentão verde cortado em pedaços
- ¼ de xíc. (chá) de cebola cortada em pedaços
- 3 fatias de pão de fôrma sem casca em pedaços
- Sal e pimenta-do-reino a gosto

Modo de preparo

Bata todos os ingredientes no liquidificador, exceto o sal e a pimenta, por 20 segundos.

Tempere a gosto e distribua a mistura em seis forminhas refratárias individuais untadas.

Asse em banho-maria, em forno moderado, por 30 minutos, até que a massa esteja crescida e firme.

40 MINUTOS DE PREPARO
4 PORÇÕES

Mexilhões gratinados

Ingredientes

- 4 xíc. (chá) de mexilhão cru
- 1 col. (chá) de sal
- 2 alhos
- 1 cebola pequena
- 1 col. (sopa) de azeite de oliva
- 5 col. (sopa) de molho de tomate
- 4 col. (sopa) de salsinha crua
- 2 col. (sopa) de cream cheese
- 2 col. (sopa) de queijo parmesão ralado

Modo de preparo

Leve água ao fogo e, assim que levantar fervura, coloque os mexilhões bem lavados e o sal. Cozinhe por três minutos a partir do início da fervura. Então, retire do fogo e escorra.

Refogue em ½ colher de azeite o alho e a cebola picados, acrescente o molho de tomate e tempere com sal. Deixe apurar. Acrescente os mexilhões e mantenha em fogo baixo até abrir fervura. Retire do fogo e arrume os mexilhões em um pirex, regue com ½ colher de azeite de oliva.

Com o auxílio de uma colher, pingue o cream cheese. Depois, polvilhe o queijo parmesão ralado. Leve ao forno preaquecido por cerca de 10 minutos. Retire, salpique a salsinha e sirva a seguir.

Receitas Maravilhosas
Peixes e Frutos do Mar

🕐 45 MINUTOS
DE PREPARO
🍴 5 PORÇÕES

Siri
na tigela

Ingredientes
- ½ kg de carne de siri
- 1 col. (sopa) de azeite
- 2 dentes de alho
- Sal e pimenta a gosto
- 1 xíc. (chá) de molho de tomate
- 1 lata de creme de leite
- 1 garrafinha de leite de coco
- 6 fatias de pão de fôrma sem casca triturado
- 200 g de queijo parmesão ralado

Modo de preparo

Em uma panela, refogue o siri no azeite com os dois dentes de alho, sal e pimenta. Adicione o molho de tomate e deixe refogar um pouco. Acrescente em seguida o creme de leite e o leite de coco aos poucos. Coloque o pão de fôrma triturado e mexa bem até a mistura ganhar consistência. Em uma tigela, ou em potes individuais, coloque o siri e cubra com o queijo ralado.

Leve ao forno para gratinar por 30 minutos e sirva. Decore a gosto.

Entradas
Elas anunciam uma refeição especial e despertam o paladar

⏰ 40 MINUTOS DE PREPARO
🍴 8 PORÇÕES

Batata recheada com atum

Ingredientes

- 4 batatas médias
- 3 col. (sopa) de requeijão
- 2 latas de atum ao natural
- 1 col. (sopa) de salsinha crua
- 1 col. (chá) de azeite de oliva extravirgem
- 1 col. (chá) de sal refinado

Modo de preparo

Lave bem as batatas com uma escova e embrulhe-as por completo em papel-alumínio.

Coloque as batatas em uma fôrma e leve ao fogo médio por 30 minutos ou até ficarem macias. À parte, misture todos os demais ingredientes.

Assim que as batatas estiverem cozidas, corte-as ao meio (não completamente) e adicione o recheio de atum. Leve ao forno por alguns minutos e sirva.

⏱ 1 HORA E 20 MINUTOS DE PREPARO
🍴 8 PORÇÕES

Salmão no espeto

Ingredientes

- 700 g de filé de salmão sem pele
- 1 pitada de sal refinado
- 10 g de alho frito
- 8 g de amido de batata
- 30 ml de shoyu
- 12 ml de óleo de soja
- 4 folhas de alga marinha nori

Modo de preparo

Fatie o salmão deixando 2,5 centímetro de espessura. Reserve.

Adicione todos os outros ingredientes em uma tigela, exceto as folhas de alga marinha, e misture bem. Coloque as fatias de salmão na mesma tigela, mexa e deixe marinar por 1 hora.

Retire o salmão da marinada e coloque cada fatia sobre a alga marinha. Cubra todo o salmão com ela. Corte o excesso, deixando um centímetro nas laterais. Passe um pouco de água na borda e sele o rolinho. Corte cada um em quatro partes e prenda com espetos de madeira. Sirva com o molho da marinada.

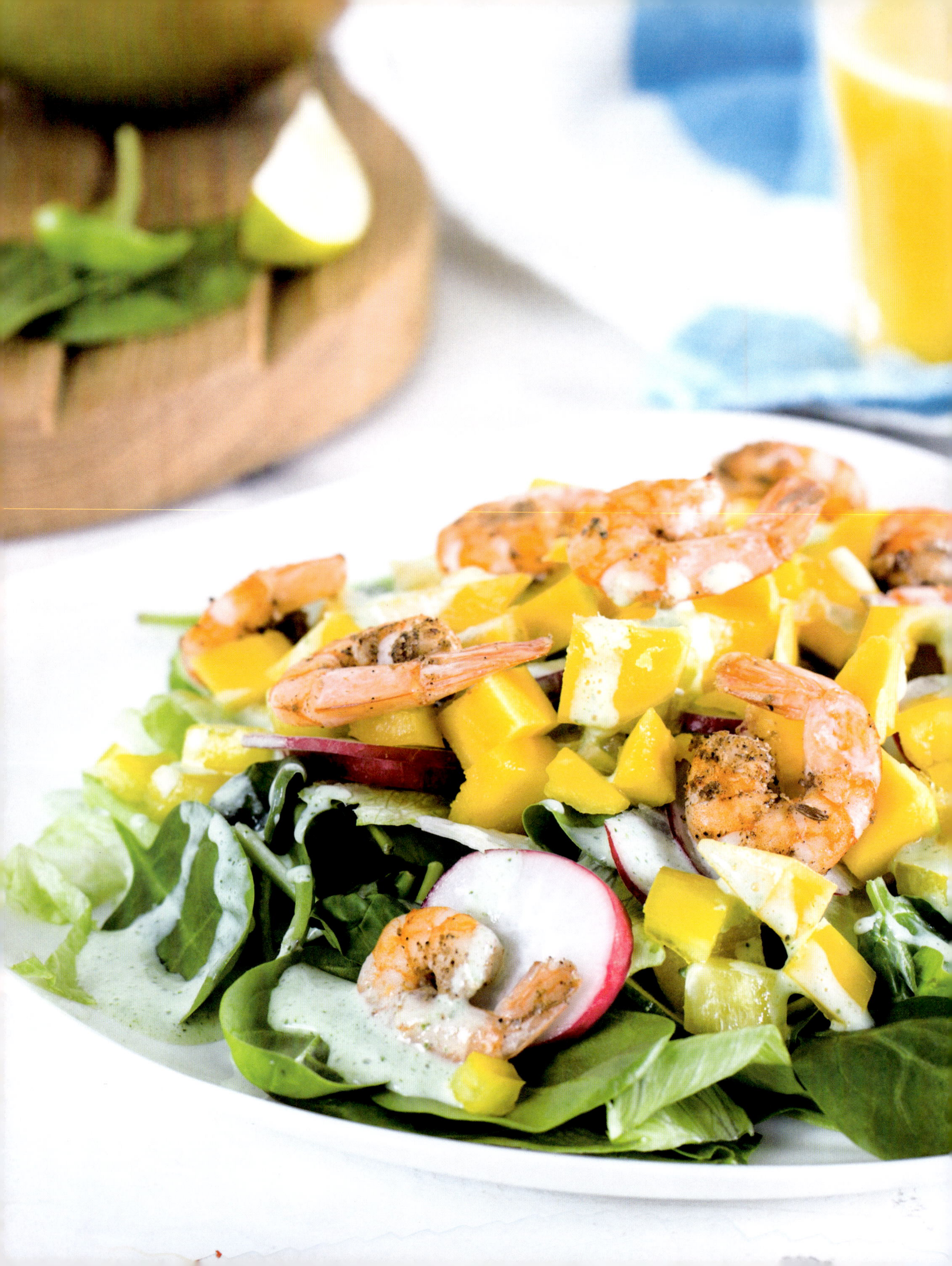

Saladas

Peixes e frutos do mar na companhia de massas, legumes, verduras e frutas

Receitas Maravilhosas
Peixes e Frutos do Mar

50 MINUTOS DE PREPARO
5 PORÇÕES

Saladas
Peixes e frutos do mar na companhia de massas, legumes, verduras e frutas

Salada de bacalhau
com massa fria

Ingredientes
- 2 e ½ xíc. (chá) de lascas de bacalhau dessalgado
- 1 pacote (550 g) de massa verde de sua preferência
- 1 pé de alface
- ¼ de xíc. (chá) de azeitonas pretas
- 5 tomates maduros
- 2 dentes de alho
- Sal e pimenta a gosto
- Salsa, azeite e vinagre (para temperar)

Modo de preparo
Numa panela com bastante água, cozinhe a massa al dente. Escorra, passe por água fria e reserve.

Lave a alface, escorra e corte-a bem fina.

Escalde os tomates, descasque, retire as sementes e corte em pedaços. Bata no liquidificador juntamente com os dois dentes de alho até reduzir a purê. Tempere com azeite e vinagre.

Coloque a massa num refratário, junte a alface, acrescente o bacalhau e regue com o molho de tomate. Sirva frio.

Receitas Maravilhosas
Peixes e Frutos do Mar

🕐 20 MINUTOS DE PREPARO
🍴 2 PORÇÕES

Salada de salmão

Ingredientes

SALADA
- 2 folhas de alface-crespa
- 2 folhas de alface roxa
- 2 folhas de alface-americana
- 1 folha de radicchio
- 6 folhas de rúcula
- 1 tomate
- 2 filés (médios) de salmão
- 3 col. (sopa) de gergelim
- 1 palmito

MOLHO
- 1 col. (sobremesa) de mostarda
- 2 col. (sopa) de iogurte natural
- 2 col. (sopa) de aceto balsâmico
- Sal a gosto

Modo de preparo

Lave todas as folhas e o tomate em água corrente e reserve.

Corte o salmão em tiras, grelhe em uma frigideira com um pouco de azeite e vá selando com o gergelim. Corte o tomate em quatro pedaços e o palmito em dois, na diagonal.

Em um prato, disponha as folhas de alface no centro e intercale cada um dos tipos em camadas. Por cima, coloque o radicchio e acomode as folhas de rúcula. Distribua os tomates e os palmitos nas extremidades do prato. Ponha os filés de salmão entre os tomates e os palmitos.

Misture todos os ingredientes do molho e derrame sobre a salada.

Saladas
Peixes e frutos do mar na companhia de massas, legumes, verduras e frutas

Receitas Maravilhosas
Peixes e Frutos do Mar

Saladas
Peixes e frutos do mar na companhia de massas, legumes, verduras e frutas

⏱ 40 MINUTOS
DE PREPARO
🍴 2 PORÇÕES

Salada de salmão, fusilli e abobrinha

Ingredientes

- 200 g de fusilli tricolor cozido
- 8 col. (sopa) de abobrinha em cubos
- 2 col. (sopa) de azeite de oliva
- Sal, pimenta-do-reino e vinagre a gosto
- Folhas de agrião
- 8 unidades de tomate-cereja
- 100 g de salmão defumado

Modo de preparo

Cozinhe o macarrão até que fique al dente. Reserve.

Cozinhe também a abobrinha em pouca água com sal. Reserve.

Em uma tigela misture o sal, a pimenta-do--reino, o azeite de oliva e o vinagre a gosto.

Em uma saladeira, distribua o agrião bem lavado, o macarrão, a abobrinha, os tomates e o salmão defumado picado. Acrescente o tempero e misture tudo levemente.

Receitas Maravilhosas
Peixes e Frutos do Mar

🕐 10 MINUTOS DE PREPARO
🍴 2 PORÇÕES

Salada primavera

Ingredientes

- 1 posta (250 g) de atum fresco
- 2 col. (sopa) de azeite de oliva extravirgem
- Gergelim branco e preto a gosto
- 200 g de ervilhas frescas
- 200 g de ervilhas-tortas
- 2 abobrinhas cortadas em fatias finas no sentido do comprimento
- 1 bulbo de erva-doce cortado em fatias finas
- 2 tomates picados em cubos
- 1 cebola pequena fatiada
- Suco de 1 limão
- 1 col. (sopa) de mostarda dijon
- 1 col. (sopa) de mel
- 1 col. (sopa) de salsinha picada

Modo de preparo

Corte a posta do atum fresco em fatias de dois dedos de largura. Leve para dourar em uma frigideira com uma colher (sopa) de azeite. Assim que retirar da frigideira, passe o peixe pela mistura de gergelim branco e preto e reserve.

Coloque as ervilhas frescas, as ervilhas-tortas e as fatias de abobrinha em uma panela com água e sal e ferva por 5 minutos. Escorra e resfrie em água corrente.

À parte, bata o suco de limão, a mostarda, o mel, a salsinha e uma colher de azeite.

Disponha os legumes refogados, a erva-doce, os tomates, a cebola e as fatias de atum em duas tigelas. Regue com o molho e consuma.

Saladas
Peixes e frutos do mar na companhia de massas, legumes, verduras e frutas

⏱ 10 MINUTOS DE PREPARO
🍴 4 PORÇÕES

Salada de atum e molho de iogurte

Ingredientes

SALADA
- 2 xíc. (chá) de alface-americana picada
- 2 xíc. (chá) de agrião
- ½ xíc. (chá) de castanha-do-pará picada
- 1 lata de atum em água

MOLHO
- 1 potinho de iogurte natural
- 1 col. (chá) de ketchup
- Sal, pimenta do reino a gosto
- Suco de 1 limão
- 1 col. (sopa) rasa de mostarda
- 1 col. (chá) de açafrão
- 1 col. (chá) de molho inglês

Modo de preparo

Misture todos os ingredientes do molho e coloque-o na geladeira até o momento de servir.

Higienize as folhas e organize-as em uma travessa. Salpique por cima as castanhas-do-pará e o atum desfiado, sem misturar. Mexa bem o tempero e despeje sobre a salada.

⏱ 45 MINUTOS DE PREPARO
🍴 6 PORÇÕES

Salada de atum ao curry

Ingredientes

- 1 lata de atum sólido em água, escorrido e esfarelado
- 1 talo de aipo picado
- 2 col. (sopa) de coentro fresco picado
- 1 cebola picada
- 2 col. (sopa) de uvas-passas brancas picadas
- 2 col. (sopa) de maionese
- 1 col. (chá) de curry em pó
- 8 folhas de alface-roxa
- 2 ovos cozidos fatiados
- Azeite para finalizar

Modo de preparo

Em uma tigela média, misture muito bem o atum, o aipo, o coentro, a cebola, as uvas-passas, a maionese e o curry.

Disponha as folhas picadas de alface-roxa em dois pratos.

Espalhe a salada de atum sobre as folhas, junte os ovos fatiados e regue com azeite.

Sirva com molho de sua preferência.

Receitas Maravilhosas
Peixes e Frutos do Mar

🕐 **30 MINUTOS DE PREPARO**
🍴 **6 PORÇÕES**

Salada de bacalhau
e cebolas confitadas

Ingredientes

- 1 tablete de caldo de legumes
- 360 ml de água
- 200 g de cuscuz marroquino
- Sal a gosto
- 6 col. (sopa) de azeite de oliva extravirgem
- 2 cebolas cortadas em tiras
- 1 dente de alho picado
- 300 g de bacalhau desfiado
- 100 g de azeitonas pretas sem caroço
- 1 caixa de tomate sweet grape
- Sal e pimenta-do-reino a gosto
- 3 col. (sopa) de salsinha picada

Modo de preparo

Dissolva o caldo de legumes na água fervente. Coloque o cuscuz marroquino em uma travessa. Regue o cuscuz com o caldo para hidratar. Abafe por 5 minutos e solte os grãos com um garfo. Reserve.

Em uma frigideira, coloque 4 colheres de azeite e refogue muito bem a cebola. Acrescente o alho picado e o bacalhau desfiado e já dessalgado. Adicione as azeitonas e os tomates cortados ao meio. Tempere com sal e pimenta-do-reino a gosto. Adicione a salsinha picada.

Tempere o cuscuz com duas colheres de azeite de oliva e misture bem ao bacalhau.

Saladas
Peixes e frutos do mar na companhia de massas, legumes, verduras e frutas

Receitas Maravilhosas
Peixes e Frutos do Mar

🕐 10 MINUTOS DE PREPARO
🍴 1 PORÇÃO

Salada de atum ao molho de aceto balsâmico

Ingredientes
- 1 prato (sobrem.) de folhas verdes variadas (alface, rúcula, agrião)
- 1 cenoura ralada
- 1 tomate pequeno cortado em rodelas
- ½ lata de atum em água
- 1 col. (sobremesa) de azeite de oliva extravirgem
- 1 col. (sobremesa) de aceto balsâmico
- 1 col. (chá) de orégano

Modo de preparo
Acomode as folhas em um prato. Disponha a cenoura, o tomate cortado e o atum esfarelado no centro.

À parte, misture bem o azeite, o aceto balsâmico, o sal e o orégano a gosto. Despeje sobre a salada de atum e sirva logo em seguida.

Saladas
Peixes e frutos do mar na companhia de massas, legumes, verduras e frutas

30 MINUTOS DE PREPARO
4 PORÇÕES

Salada de avocado com kanikama

Ingredientes

- 2 avocados pequenos
- Suco de um limão
- 120 g de kanikama
- 4 cravos-da-índia
- 2 col. (sopa) de conhaque
- 1 col. (chá) de molho inglês
- 1 col. (sopa) de maionese
- 2 col. (sopa) de iogurte natural
- Cebolinha verde a gosto
- Folhas verdes para acompanhar
- Tomates-cereja para enfeitar

Modo de preparo

Abra o avocado ao meio e jogue fora o caroço. Corte em pedaços pequenos e borrife com o suco de limão.

Corte o kanikama em pedacinhos e junte com os cravos-da-índia, o conhaque, o molho inglês, a maionese e o iogurte.

Acerte o sal e salpique a cebolinha.

Arrume quatro pratos com as folhas verdes e os tomatinhos. Coloque parte da salada de abacate em cada prato e sirva.

🕐 50 MINUTOS DE PREPARO
🍴 2 PORÇÕES

Salada de camarão com tartar de manga

Ingredientes

- 6 camarões grandes (limpos, sem cabeça e com a calda)
- Sal e pimenta-do-reino a gosto
- 1 xíc. (chá) de farinha de trigo
- 2 ovos
- 5 ml de óleo de gergelim
- 150 g de farinha panko
- Óleo de soja para fritar
- 1 manga
- ¼ de pimenta dedo-de-moça
- 5 folhas de coentro fresco
- 25 ml de suco de limão
- Mix de folhas (alface, rúcula, agrião, radicchio)
- Sal, azeite de oliva extravirgem e aceto balsâmico a gosto

Modo de preparo

Tempere os camarões com sal e pimenta. Passe-os pela farinha de trigo, depois pelos ovos batidos (temperados com sal e óleo de gergelim) e, por último, pela farinha panko. Frite em óleo de soja e reserve.

Para o tartar, corte a manga em pequenos cubos. Pique a pimenta sem sementes, o coentro e misture com a fruta. Tempere tudo com o suco de limão, sal e pimenta-do-reino.

Rasgue as folhas verdes e tempere com azeite, aceto balsâmico e sal.

Monte o prato dispondo a salada, o tartar e os camarões.

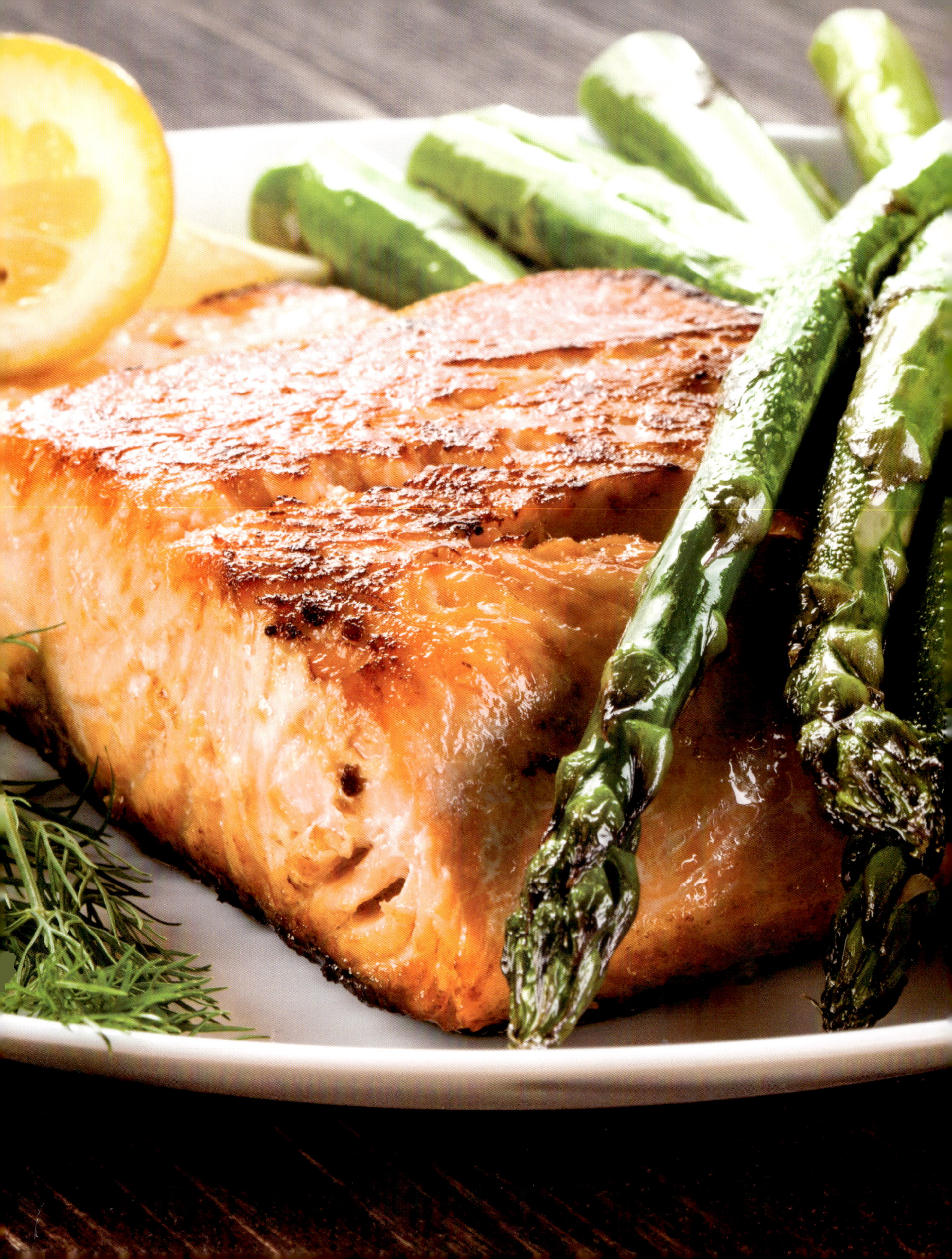

Pratos principais com peixes e frutos do mar

Eles fazem sucesso grelhados, assados, cozidos ou fritos

30 MINUTOS DE PREPARO
4 PORÇÕES

Salmão à Grécia

Ingredientes

- 4 filés de salmão
- Sal e pimenta a gosto
- 1 clara batida
- 1 xíc. (chá) de amido de milho
- 4 col. (sopa) de azeite
- 1 cebola cortada em cubos médios
- 1 tangerina em gomos sem pele e sem sementes
- 1 col. (chá) de farinha de trigo
- ⅓ de xíc. (chá) de café
- ½ tablete de caldo de peixe
- 1 col. (sopa) de açúcar
- 1 col. (sopa) de dill picado para polvilhar

Modo de preparo

Tempere o salmão com o sal e a pimenta.

Passe os filés pela clara e pelo amido de milho e leve para grelhar até dourar. Reserve.

Em uma panela, aqueça o azeite e refogue a cebola e a tangerina por 2 minutos. Retire a cebola e a fruta da panela. Reserve.

Na panela usada anteriormente, polvilhe a farinha de trigo. Junte o café, o caldo de peixe e o açúcar. Junte um pouquinho de água e deixe ferver até engrossar.

Disponha esse molho sobre cada filé de salmão e sirva com a cebola e a tangerina, polvilhando com o dill.

⏱ 1 HORA DE PREPARO
🍴 6 PORÇÕES

Filé de truta ao molho de laranja e rooibos

Ingredientes

- 2 col. (sopa) de manteiga
- ½ cebola bem picada
- 1 xíc. (chá) de suco de laranja
- ½ xíc. (chá) de chá de rooibos (planta africana própria para o preparo de infusão com sabor frutado) ou chá de maçã
- ½ xíc. (chá) de vinho branco
- Sal a gosto
- 6 filés médios de truta
- Farinha de trigo para empanar
- Óleo para untar

Modo de preparo

Leve ao fogo alto uma frigideira com a manteiga. Deixe esquentar.

Acrescente a cebola e refogue até a água começar a secar. Adicione o suco de laranja, o chá e o vinho, deixando ferver em fogo baixo, até o volume reduzir à metade. Adicione sal a gosto e reserve.

Salgue os filés, passe-os levemente na farinha de trigo e grelhe em uma chapa ou frigideira untada em óleo.

Derrame o molho sobre os filés e sirva.

Receitas Maravilhosas
Peixes e Frutos do Mar

🕐 **20 MINUTOS DE PREPARO**
🍴 **1 PORÇÃO**

Filé de peixe com
chutney de damasco

Ingredientes
- 1 filé médio de cação
- Azeite para refogar
- ½ cebola picada
- 1 dente de alho amassado
- 2 col. (sopa) de geleia de damasco
- 1 col. (café) de curry
- 1 col. (chá) de mostarda tipo dijon
- 1 col. (chá) de mel

Modo de preparo
Refogue no azeite a cebola picadinha e o dente de alho. Acrescente a geleia, o curry, a mostarda e o mel.

Grelhe o filé de peixe. Reserve.

Sirva o molho sobre o peixe grelhado com o acompanhamento de sua preferência.

Pratos principais com peixes e frutos do mar
Eles fazem sucesso grelhados, assados, cozidos ou fritos

Receitas Maravilhosas
Peixes e Frutos do Mar

Pratos principais com peixes e frutos do mar
Eles fazem sucesso grelhados, assados, cozidos ou fritos

🕐 15 MINUTOS DE PREPARO
🍴 4 PORÇÕES

Peixe com molho de laranja-amarga e gengibre

Ingredientes
- 4 filés médios de peixe
- Sal e pimenta-do-reino a gosto
- Suco de um limão

MOLHO
- 1 col. (sopa) de azeite de oliva extravirgem
- 1 laranja-amarga em gomos sem a pele
- ½ copo (150 ml) de suco de laranja-amarga
- 1 col. (chá) de gengibre picado
- ¼ de col. (chá) de suco de limão
- ½ col. (chá) de açúcar mascavo
- ½ col. (chá) de sal
- 1 col. (chá) de amido de milho

Modo de preparo

Tempere os filés com sal, pimenta e limão. Reserve.

Aqueça o azeite e refogue os gomos de laranja em fogo médio. Acrescente o suco de laranja, o gengibre, o suco de limão, o açúcar e o sal. Mexa bem.

Aumente o fogo e adicione o amido de milho dissolvido em um água. Ferva um pouco e desligue o fogo.

Grelhe os filés e sirva-os com o molho quente por cima.

Receitas Maravilhosas
Peixes e Frutos do Mar

⏲ 20 MINUTOS DE PREPARO
🍴 4 PORÇÕES

Pescado com molho de abobrinhas

Ingredientes

- 2 abobrinhas verdes
- 4 col. (sopa) de azeite de oliva
- 2 dentes de alho
- 1 cebola média picada
- 1 xíc. (chá) de molho de tomate
- Sal e pimenta-do-reino a gosto
- 1 col. (café) de coentro fresco
- 4 filés de peixe

Modo de preparo

Corte as abobrinhas em cubinhos.

Refogue no azeite o alho com a cebola picadinha. Acrescente o molho de tomate e o sal. Junte as abobrinhas e o coentro picadinho e deixe cozinhar.

Grelhe os filés de peixe temperados com sal e pimenta a gosto.

Sirva os filés com o molho de abobrinhas.

Pratos principais com peixes e frutos do mar
Eles fazem sucesso grelhados, assados, cozidos ou fritos

40 MINUTOS DE PREPARO
4 PORÇÕES

Linguado ao molho de carambola

Ingredientes

- 4 filés de linguado
- Sal a gosto
- 1 limão
- 1 col. (sopa) de azeite de oliva

MOLHO

- 30 ml de azeite de oliva
- 1 cebola média picada
- 4 carambolas fatiadas
- ½ xíc. (chá) de água
- 6 azeitonas pretas sem caroço fatiadas
- 12 unidades de tomate-cereja
- 1 ramo de manjericão
- Sal a gosto

Modo de preparo

Tempere os filés de linguado com sal e limão. Em uma frigideira aquecida, coloque o azeite e o peixe. Doure bem dos dois lados. Reserve.

MOLHO

Na mesma frigideira, prepare o molho: coloque o azeite e doure a cebola. Adicione as carambolas e ½ xícara de água e deixe cozinhar bem. Acrescente as azeitonas e os tomates cortados ao meio. Junte as folhas de manjericão, acerte o sal e deixe apurar.

Distribua o molho por cima de todos os filés e sirva a receita logo em seguida.

15 MINUTOS DE PREPARO
3 PORÇÕES

Pescada ao molho de nozes

Ingredientes

- 3 filés de pescada
- ¼ de xíc. (chá) de nozes
- 1 dente de alho
- ¼ de xíc. (chá) de azeite
- 1 col. (sobremesa) de suco de limão
- Sal e pimenta-rosa a gosto

Modo de preparo

Grelhe o peixe em uma frigideira até que fique dourado dos dois lados.

Em um liquidificador, bata as nozes, o alho, o azeite, o suco de limão e o sal até ficar uma mistura homogênea.

Distribua esse molho sobre o filé, salpique pimenta-rosa e sirva.

Receitas Maravilhosas
Peixes e Frutos do Mar

🕐 45 MINUTOS DE PREPARO
🍴 5 PORÇÕES

Filé de tilápia
com legumes e maçã

Ingredientes

- 500 g de filé de tilápia
- Sal e pimenta-do-reino a gosto
- 2 col. (sopa) de azeite
- ½ cebola pequena picada
- 1 dente de alho amassado
- 2 cenouras médias cortadas em quadradinhos e cozidas
- 3 col. (sopa) de ervilhas frescas e cozidas
- 2 col. (sopa) de salsinha bem picada
- ½ col. (sopa) de margarina
- 1 maçã cortada em 8 gomos

Modo de preparo

Enxugue os filés de peixe com papel-toalha. Tempere com sal e pimenta a gosto. Grelhe os filés em uma colher de azeite, em frigideira antiaderente, dos dois lados. Mantenha aquecido no forno baixo.

Refogue na frigideira, cebola e alho com uma colher de azeite. Junte as cenouras e as ervilhas e tempere com sal e salsinha picada, mexendo rapidamente. Reserve.

Esquente uma frigideira antiaderente. Coloque a margarina e deixe derreter. Inclua as maçãs e espere 3 minutos. Verifique se já estão douradas e vire de lado. Deixe por mais 3 minutos.

Junte as maçãs ao refogado de cenouras e ervilhas e sirva com o peixe aquecido.

Pratos principais com peixes e frutos do mar
Eles fazem sucesso grelhados, assados, cozidos ou fritos

20 MINUTOS DE PREPARO
4 PORÇÕES

Bacalhau agridoce

Ingredientes

- 2 cabeças de alho amassadas
- 2 col. (sopa) de azeite extravirgem
- 2 laranjas
- Sal a gosto
- ½ kg de bacalhau em postas dessalgado
- 2 cebolas cortadas em cubos
- 3 col. (sopa) de açúcar mascavo
- 100 ml de aceto balsâmico
- 4 col. (sopa) de pimenta-tabasco
- 500 g de morango cortados em cubos
- Lascas de noz-moscada

Modo de preparo

Doure metade do alho amassado em uma colher de azeite e acrescente o suco de laranja e o sal. Reserve.

Coloque as postas do bacalhau em um refratário e regue com esse tempero. Cubra com papel-alumínio e leve ao forno a 145 °C por 20 minutos. Reserve.

Doure a cebola e o restante do alho em uma colher de azeite. Adicione o açúcar mascavo e, mexendo sempre, acrescente o aceto balsâmico e a pimenta. Corte e acrescente os morangos com as lascas de noz-moscada. Mexa mais um pouco, tampe a panela e deixe em fogo brando até obter um molho homogêneo.

Retire do fogo e sirva com o bacalhau.

30 MINUTOS DE PREPARO
8 PORÇÕES

Cubos de peixe com molho de nozes

Ingredientes

- 1 kg de salmão cortado em filés grossos
- ½ col. (chá) de sal
- 1 col. (sopa) de suco de limão
- 1 col. (sopa) de azeite de oliva

MOLHO

- 4 col. (sopa) de água morna
- 1 col. (sopa) de azeite de oliva
- 1 dente de alho picado
- ½ col. (chá) de sal
- 1 xíc. (chá) de manjericão fresco picado
- ½ xíc. (chá) de nozes picadas
- 1 xíc. (chá) de maionese

Modo de preparo

Corte os filés em cubos grandes. Tempere com sal e o suco de limão. Reserve.

Em uma frigideira grande aqueça o azeite de oliva e doure os cubos de peixe dos dois lados. Transfira-os para uma travessa e reserve.

MOLHO

No liquidificador, bata a água, o azeite, o alho e o sal por dois minutos. Junte o manjericão e as nozes e bata por mais dois minutos ou até obter uma mistura homogênea. Retire do liquidificador e passe para uma tigela. Acrescente a maionese e misture bem até adquirir consistência de molho cremoso.

Sirva os cubos de peixe cobertos com o molho.

Receitas Maravilhosas
Peixes e Frutos do Mar

Pratos principais com peixes e frutos do mar
Eles fazem sucesso grelhados, assados, cozidos ou fritos

🕐 **30 MINUTOS DE PREPARO**
🍴 **6 PORÇÕES**

Linguado com pesto de rúcula

Ingredientes

PESTO DE RÚCULA
- 1 xíc. (chá) de rúcula picada
- 2 col. (sopa) de castanhas-de-caju
- 1 col. (sopa) de azeite de oliva
- ½ col. (chá) de tempero pronto para peixe

PEIXE
- 6 filés de linguado
- 3 col. (sopa) de suco de maracujá concentrado
- ½ col. (chá) de tempero pronto para peixe

Modo de preparo

PESTO DE RÚCULA
No liquidificador, coloque todos os ingredientes do pesto com duas colheres (sopa) de água. Bata bem até ficar um molho homogêneo. Reserve.

PEIXE
Em uma tigela, tempere o peixe com o suco de maracujá e o tempero pronto. Cubra com plástico-filme e leve à geladeira por cerca de 10 minutos para tomar gosto.

Em uma frigideira untada com azeite de oliva, doure os filés de peixe de ambos os lados. Disponha em um prato e sirva com o pesto de rúcula reservado.

Receitas Maravilhosas
Peixes e Frutos do Mar

⏱ 20 MINUTOS DE PREPARO
🍴 1 PORÇÃO

Salmão com molho
de acerola e mel

Ingredientes
- 150 ml de polpa de acerola
- 25 ml de mel
- 1 filé de salmão sem pele
- Sal a gosto
- 1 pitada de pimenta-do-reino
- 1 limão
- Azeite a gosto

Modo de preparo

Coloque a polpa de acerola e o mel em uma panela. Leve ao fogo médio e deixe reduzir por aproximadamente 2 minutos. Reserve.

Tempere o peixe com sal, pimenta-do-reino e as gotas de limão.

Grelhe o salmão dos dois lados numa frigideira untada com um pouco de azeite.

Sirva em seguida com o molho de acerola.

Pratos principais com peixes e frutos do mar
Eles fazem sucesso grelhados, assados, cozidos ou fritos

⏰ 30 MINUTOS DE PREPARO
🍴 6 PORÇÕES

Linguado com tangerina e gengibre

Ingredientes

- 6 filés de linguado
- Sal a gosto
- 2 xíc. (chá) de suco de tangerina
- 2 col. (sopa) de azeite
- 1 col. (chá) de gengibre picado
- ½ col. (sopa) de amido de milho
- Gomos de tangerina sem pele e sem sementes

Modo de preparo

Tempere o linguado com sal e suco de tangerina. Deixe marinar por 10 minutos.

Retire um filé de cada vez e leve para grelhar em uma frigideira com o azeite. Reserve o suco da marinada. Mantenha o peixe aquecido enquanto prepara o molho: junte o gengibre e o amido de milho ao caldo do tempero reservado, mexendo bem. Leve ao fogo e quando estiver ligeiramente espesso, acrescente os gomos de tangerina, mexendo rapidamente. Derrame o molho sobre os filés e sirva imediatamente.

30 MINUTOS DE PREPARO
5 PORÇÕES

Sardinha com legumes e castanhas

Ingredientes

- 500 g de sardinha limpa, aberta em filé sem espinha
- Sal e pimenta-do-reino a gosto
- 3 col. (sopa) de azeite
- 1 abobrinha picada
- 1 cenoura picada
- 2 col. (sopa) de salsa picada
- ¼ xíc. (chá) de vinagre
- ½ col. (sopa) de alecrim picado
- 2 cebolinhas verdes picadas
- 12 castanhas-de-caju torradas

Modo de preparo

Tempere as sardinhas com sal e pimenta e unte-as com um pouquinho de azeite. Aqueça uma grelha, unte com uma colher de azeite e doure as sardinhas dos dois lados.

Em uma panela, aqueça mais uma colher de azeite em fogo médio, junte os ingredientes restantes, exceto as castanhas, e cozinhe mexendo até ficarem macios.

Transfira para uma travessa e, por cima, acomode as sardinhas. Salpique as castanhas.

Receitas Maravilhosas
Peixes e Frutos do Mar

🕐 **40 MINUTOS DE PREPARO**
🍴 **1 PORÇÃO**

Linguado ao molho de limão

Ingredientes

- 1 col. (sopa) de azeite
- Suco de 2 limões
- Tomilho fresco picado a gosto
- Pimenta-do-reino a gosto
- 2 col. (sopa) de água
- 1 pitada de canela
- 1 filé de linguado fresco

Modo de preparo

Prepare o molho batendo no liquidificador azeite, suco de limão, tomilho, pimenta-do-reino, água e canela.

Pincele o peixe com essa mistura e reserve o restante.

Grelhe o filé de linguado em uma frigideira ou no forno. Quando estiver pronto, regue com o restante do molho e sirva.

Pratos principais com peixes e frutos do mar
Eles fazem sucesso grelhados, assados, cozidos ou fritos

2 HORAS DE PREPARO
2 PORÇÕES

Ndolé

Ingredientes

- 1 maço de folhas de espinafre
- 400 g de amendoim
- 1 copo (250 ml) de água
- 3 cebolas picadas
- 3 dentes de alho picados
- 1 col. (sopa) de óleo
- Sal e pimenta-do-reino a gosto
- 200 ml de caldo de peixe
- 2 bananas nanicas
- 2 postas de filé de Saint Peter

Modo de preparo

Lave e corte em tiras finas as folhas de espinafre. Coloque-as para cozer em água e, depois, resfrie-as em água gelada. Reserve.

Em um processador, triture o amendoim com um pouco da água, até que vire uma pasta. Doure a cebola e o alho no óleo. Adicione a pasta de amendoim. Deixe no fogo por cerca de 1 hora, adicionando mais água aos poucos. Mexa sempre para evitar que a massa grude na panela. Acrescente as folhas de espinafre, o sal, a pimenta e o caldo de peixe e cozinhe por cerca de 30 minutos.

Descasque as bananas, embrulhe-as em papel-alumínio e deixe-as no forno preaquecido a 180 °C por 20 minutos. Grelhe as postas de peixe em frigideira antiaderente até dourarem.

Em um prato, coloque as bananas, o peixe e o creme de espinafre. Sirva em seguida.

20 MINUTOS DE PREPARO
4 PORÇÕES

Salmão com alcaparras e aspargos

Ingredientes

- 4 postas de salmão
- 1 dente de alho
- Sal a gosto
- Suco de 1 limão
- 1 col. (sopa) de margarina
- 8 palitos de aspargos
- 1 col. (sopa) de alcaparras

Modo de preparo

Tempere o salmão com alho, sal e limão. Reserve por 30 minutos.

Coloque as postas para grelhar em uma frigideira antiaderente com a margarina.

Tire o peixe da frigideira e, então, refogue os aspargos por 3 minutos no caldinho formado. Junte as alcaparras e sirva com o peixe.

Receitas Maravilhosas
Peixes e Frutos do Mar

Pratos principais com peixes e frutos do mar
Eles fazem sucesso grelhados, assados, cozidos ou fritos

🕒 **30 MINUTOS DE PREPARO**
🍴 **4 PORÇÕES**

Atum
colorido

Ingredientes
- 400 g de atum fresco em postas
- Sal e pimenta-do-reino a gosto
- 2 col. (sopa) de vinagre
- 2 col. (sopa) de azeite
- 2 tomates bem picados
- 1 pepino fatiado
- Salsa e cebolinha picadas a gosto
- Suco de 1 limão

Modo de preparo
Tempere o atum com sal, pimenta e vinagre. Aqueça metade do azeite numa frigideira antiaderente e grelhe as postas de atum de ambos os lados. Reserve.

Misture os tomates, o pepino, sal, pimenta, salsa, cebolinha, suco de limão e o restante do azeite em uma tigela.

Distribua as postas numa travessa e cubra com o vinagrete.

Receitas Maravilhosas
Peixes e Frutos do Mar

Pratos principais com peixes e frutos do mar
Eles fazem sucesso grelhados, assados, cozidos ou fritos

⏱ 30 MINUTOS DE PREPARO
🍴 4 PORÇÕES

Pescada
com alecrim

Ingredientes
- 4 filés de pescada
- Sal e pimenta-do-reino a gosto
- 4 raminhos de alecrim fresco
- 2 col. (sopa) de cebolinha e salsinha picadas
- ½ limão
- 4 col. (café) de azeite
- Papel-manteiga
- Fatias de limão para servir

Modo de preparo
Tempere os filés com todos os ingredientes (exceto as fatias de limão decorativas).

Disponha cada filé em um quadrado de papel-manteiga. Feche formando um pacotinho.

Leve ao forno preaquecido por 15 minutos.

Abra os pacotinhos e sirva o peixe com fatias de limão.

🕒 30 MINUTOS DE PREPARO
🍴 2 PORÇÕES

Papillote de salmão com legumes

Ingredientes

- 4 floretes de brócolis
- 1 tomate
- 2 postas (médias) de salmão sem pele cru
- 1 col. (chá) de suco de limão
- 2 dentes de alho picados
- 1 col. (chá) de sal
- ½ col. (sopa) de molho shoyu
- 1 col. (sobremesa) de semente de gergelim
- Papel-manteiga

Modo de preparo

Higienize os vegetais e corte o tomate em fatias. Tempere as postas de salmão com o suco de limão, o alho, o sal e o molho shoyu. Corte dois quadrados de 20 cm de papel-manteiga. Coloque uma posta de salmão no centro de cada um e junte dois floretes de brócolis e metade do tomate. Regue com o tempero do salmão e polvilhe as sementes de gergelim. Una as pontas do papel de maneira a fechá-lo totalmente.

Leve ao forno preaquecido a 180 °C por 30 minutos ou até ficar cozido. Sirva.

45 MINUTOS DE PREPARO
4 PORÇÕES

Peixe com escamas de legumes

Ingredientes

- 4 filés de pescada
- Sal a gosto
- 4 col. (sopa) de azeite de oliva extravirgem
- 2 cenouras médias cortadas em rodelas bem finas
- 2 abobrinhas médias cortadas em rodelas bem finas
- 1 maço pequeno de manjerona
- 1 maço pequeno de alecrim
- Papel-alumínio

PESTO

- 100 g de tomate-seco
- 1 colher (chá) de dill
- 1 xíc. (café) de caldo de legumes
- 1 col. (sopa) de azeite de oliva extravirgem

Modo de preparo

Tempere os filés com sal e duas colheres de azeite. Corte quatro retângulos de papel-alumínio e unte com azeite. Coloque delicadamente um filé no centro de cada retângulo de papel.

Sobre cada filé, espalhe uma fileira de rodelas de cenoura, depois uma fileira de rodelas de abobrinha e repita essa ordem, fazendo escamas até cobrir cada filé por completo.

Regue com um fio de azeite e coloque pequenos raminhos de ervas. Feche bem as laterais do papel. Coloque os embrulhos em uma fôrma lado a lado e leve ao fogo médio por 10 minutos.

PESTO E MONTAGEM

Bata todos os ingredientes no liquidificador.
Retire os filés do forno, abra os papillotes e sirva acompanhados do pesto.

20 MINUTOS DE PREPARO
4 PORÇÕES

Linguado assado com ervas finas

Ingredientes

- 4 filés de linguado
- ½ maço de brócolis cozido
- ½ maço de couve-flor cozida
- 2 dentes de alho picados
- 1 cebola picada em pétalas
- Sal e pimenta-do-reino a gosto
- 1 col. (chá) de orégano
- Folhas de manjericão
- 4 col. (sopa) de azeite
- Papel-manteiga

Modo de preparo

Disponha os filés de peixe, os brócolis, a couve-flor, o alho e a cebola em papel-manteiga.

Tempere com o sal, a pimenta, o orégano e o manjericão. Regue com o azeite.

Feche bem o papel formando um pacote.

Leve a trouxinha ao forno por cerca de 10 minutos ou até assar.

Retire do papel e sirva quente.

30 MINUTOS DE PREPARO
2 PORÇÕES

Salmão com crosta de linhaça dourada

Ingredientes
> 2 postas de salmão
> 1 col. (café) de sal
> 2 col. (sopa) de azeite de oliva
> 1 col. (sopa) de linhaça dourada
> 1 col. (sopa) de gengibre ralado
> 1 dente de alho espremido

Modo de preparo
Tempere as postas de salmão com o sal, o gengibre ralado e uma colher de azeite. Misture todos os outros ingredientes e, em seguida, despeje sobre cada posta de salmão.

Leve o peixe para assar em forno preaquecido a 160 °C, por 15 minutos ou até a crosta ficar dourada.

Sirva com salada.

Receitas Maravilhosas
Peixes e Frutos do Mar

🕒 40 MINUTOS DE PREPARO
🍴 6 PORÇÕES

Linguado com ricota e limão-cravo

Ingredientes

PEIXE
- 6 filés de linguado
- 4 dentes de alho picados
- 5 col. (sopa) de suco de limão-cravo
- Sal a gosto
- 100 g de ricota esfarelada
- ½ xíc. (chá) de manjericão picado
- 1 clara de ovo
- 1 col. (café) de óleo para untar
- Manjericão e raspas de limão para decorar

MOLHO DE TOMATE
- 1 cebola média picada
- 1 fio de azeite de oliva extravirgem
- 4 tomates médios maduros sem pele e sem sementes
- 2 talos de salsão
- 1 col. (chá) de ervas finas
- Sal a gosto

Modo de preparo

PEIXE

Tempere o peixe com o alho, o suco de limão e o sal. Reserve.

Misture a ricota esfarelada, o manjericão e a clara de ovo. Cubra cada filé com a ricota e faça pequenos rolinhos.

Unte uma assadeira com o óleo e coloque os rolinhos. Cubra com papel-alumínio. Leve para assar em forno preaquecido a 180 °C por 12 a 15 minutos. No final do cozimento, tire o papel-alumínio.

MOLHO DE TOMATE

Refogue a cebola no azeite. Em seguida, coloque-a no liquidificador com o tomate, os talos de salsão picados e as ervas finas. Acrescente um pouco de água, se necessário, e liquidifique bem. Coloque esse molho em uma panela e leve ao fogo. Adicione um pouco de sal e deixe ferver até engrossar.

MONTAGEM

Despeje o molho sobre os rolinhos de peixe já assados. Decore com manjericão e raspas de limão a gosto. Sirva logo em seguida.

Pratos principais com peixes e frutos do mar
Eles fazem sucesso grelhados, assados, cozidos ou fritos

15 MINUTOS DE PREPARO
1 PORÇÃO

Filé de pescada ao molho de iogurte

Ingredientes

- 1 filé de pescada
- 1 dente de alho esmagado
- 1 col. (sopa) de vinho branco
- 2 col. (sopa) de seleta de legumes
- 1 col. (sopa) de iogurte natural
- 1 col. (chá) de azeite de oliva
- Sal e pimenta-do-reino a gosto
- 1 prato (sobremesa) de folhas variadas (alface, agrião, rúcula)
- Papel-alumínio

Modo de preparo

Tempere o filé de peixe com o alho e o vinho branco. Coloque-o em uma folha de papel-alumínio junto com a seleta de legumes. Feche o papel-alumínio como um envelope. Asse em temperatura média (180 °C) por 10 minutos.

Em um bowl, misture iogurte, azeite, sal e pimenta a gosto. Desembrulhe o peixe e sirva com o molho e a salada de folhas verdes.

50 MINUTOS DE PREPARO
2 PORÇÕES

Salmão com tempero de mexerica

Ingredientes

- 2 postas grandes de salmão
- Sal e pimenta-do-reino a gosto
- 2 col. (sopa) de óleo de gergelim
- Gomos ou fatias de 1 mexerica
- 100 g de queijo minas picado
- 1 col. (sopa) de creme de leite
- 2 col. (sopa) de gergelim branco
- Papel-alumínio

Modo de preparo

Tempere as postas de salmão com sal e pimenta-do-reino e coloque-as em um refratário envoltas em alumínio, junto com os gomos de mexerica e o óleo. Feche o alumínio e leve ao forno quente por 10 minutos. Reserve.

Leve o suco de mexerica e o queijo ao fogo baixo até a mistura ficar com consistência cremosa. Mexa sem parar para derreter totalmente o queijo. Acrescente, por último, o creme de leite e desligue o fogo.

Quando o salmão estiver pronto, despeje sobre as postas o tempero de mexerica e salpique o gergelim. Leve novamente ao forno por 10 minutos, para dar uma ligeira gratinada.

⏱ 1 HORA E 50 MINUTOS DE PREPARO
🍴 10 PORÇÕES

Quibe
de atum

Ingredientes
- 1 xíc. (chá) de trigo para quibe
- 2 batatas grandes
- 2 cebolas
- 2 latas de atum sólido
- 2 col. (sopa) de cheiro-verde
- 4 col. (sopa) de azeite
- Sal e pimenta-do-reino a gosto

Modo de preparo

Lave o trigo e deixe de molho coberto com água por uma hora.

Cozinhe as batatas até ficarem macias, escorra, descasque e passe pelo espremedor.

Em uma tigela, junte o trigo escorrido, as batatas espremidas e uma cebola bem picada. Misture bem. Acrescente o atum, o cheiro-verde picado, metade da quantidade de azeite e tempere com sal e pimenta a gosto.

Unte um refratário retangular e distribua o quibe. Regue com o restante do azeite e distribua rodelas bem finas de uma cebola por cima.

Leve ao forno preaquecido a 180 °C por cerca de 45 minutos.

25 MINUTOS DE PREPARO
2 PORÇÕES

Badejo assado com batata-doce

Ingredientes

- 1 filé grosso de badejo
- Pimenta-do-reino e sal a gosto
- 2 batatas-doces pequenas
- 1 cebola fatiada em gomos
- 2 col. (sopa) de azeitonas pretas picadas
- Salsinha a gosto
- 4 col. (sopa) de azeite
- 1 col. (sopa) de alcaparras

Modo de preparo

Tempere o peixe com a pimenta-do-reino e o sal e reserve.

Cozinhe as batatas-doces fatiadas e coloque-as em um refratário. Adicione o filé, a cebola, as azeitonas, a salsinha e regue com o azeite. Cubra com papel-alumínio e deixe assar por 20 minutos.

Retire o papel, acrescente as alcaparras e volte ao forno até terminar de dourar.

Receitas Maravilhosas
Peixes e Frutos do Mar

Pratos principais com peixes e frutos do mar
Eles fazem sucesso grelhados, assados, cozidos ou fritos

🕒 **45 MINUTOS DE PREPARO**
🍴 **6 PORÇÕES**

Salmão em crosta com purê de batata-doce

Ingredientes

PURÊ
- 400 g de batata-doce descascada
- 100 g de chuchu descascado
- 1 xíc. (café) de leite
- 1 col. (café) de margarina
- Sal a gosto

PEIXE
- 4 col. (sopa) de semente de chia
- 8 col. (sopa) de água
- 600 g de salmão em postas
- Suco de ½ limão
- Sal a gosto
- 2 col. (sobremesa) de azeite de oliva

Modo de preparo

PURÊ

Cozinhe a batata-doce e o chuchu. Escorra os legumes e amasse bem. Leve ao fogo baixo, acrescente o leite, a margarina e o sal. Misture bem até ficar cremoso. Desligue o fogo e reserve.

PEIXE

Junte a chia com a água e deixe hidratar por 10 minutos.

Enquanto isso, tempere o salmão com o limão e o sal. Coloque o peixe em uma fôrma antiaderente e cubra cada posta com a chia hidratada. Leve ao forno preaquecido médio por 15 minutos. Sirva acompanhado do purê.

40 MINUTOS DE PREPARO
6 PORÇÕES

Abobrinha recheada com atum

Ingredientes

- 3 abobrinhas médias
- Sal e pimenta-do-reino a gosto
- 1 col. (sopa) de margarina
- 1 cebola ralada
- 1 lata de atum em água
- 3 col. (sopa) de queijo parmesão ralado
- 4 col. (sopa) de molho de tomate pronto
- 2 col. (sopa) de farinha de rosca

Modo de preparo

Descasque as abobrinhas e corte-as ao meio, no sentido horizontal. Cozinhe em água temperada com sal, por cerca de 10 minutos ou até que estejam macias. Escorra, retire o miolo e reserve.

Em uma panela, aqueça a margarina e junte a cebola. Refogue até dourar. Adicione o miolo reservado das abobrinhas, o atum e metade do queijo parmesão. Tempere com sal e pimenta a gosto. Acrescente o molho de tomate e cozinhe por alguns minutos. Junte a farinha de rosca aos poucos, mexendo sempre até obter uma farofa. Acerte o sal se necessário.

Em assadeira untada, distribua as metades de abobrinha e recheie cada uma com a farofa de atum. Polvilhe o restante do parmesão sobre cada metade recheada e leve ao forno médio (180 °C), preaquecido, para gratinar por 10 minutos.

⏱ 1 HORA DE PREPARO
🍴 5 PORÇÕES

Pescada assada com pasta de pimentão

Ingredientes

- 1 pimentão vermelho
- 5 filés de pescada
- Suco de um limão, sal e pimenta-do-reino a gosto
- 2 dentes de alho
- ½ xíc. (chá) de cheiro-verde picado
- 10 folhas de manjericão
- 2 col. (sopa) de alcaparras
- 1 col. (chá) de azeite
- 5 cebolinhas verdes
- Páprica ou colorau para polvilhar

Modo de preparo

Coloque o pimentão picado sem sementes em uma vasilha e cubra com um pouco de água fervente. Deixe descansar até ficar macio (cerca de 10 minutos).

Tempere os filés de peixe com o suco de limão, sal e pimenta. Reserve.

Escorra o pimentão e bata no processador com todos os ingredientes restantes, exceto a cebolinha. Espalhe essa mistura nos filés de peixe e enrole. Numa frigideira, aqueça um pouco de água e mergulhe rapidamente as cebolinhas.

Amarre cada rolinho de peixe com uma cebolinha, polvilhe com a páprica e coloque numa fôrma refratária untada.

Leve ao forno quente (220 °C) por 15 minutos ou até que o peixe esteja assado.

⏱ 45 MINUTOS DE PREPARO
🍴 10 PORÇÕES

Rolinhos surpresa

Ingredientes

- 1 col. (sopa) de azeite de oliva
- 1 cebola pequena picada
- 300 g de filé de linguado cortado em pedaços grandes
- ½ pimentão pequeno vermelho picado
- ½ col. (chá) de sal
- 2 col. (sopa) de amido de milho
- ½ xíc. (chá) de leite
- 1 col. (chá) de ervas frescas (salsinha, cebolinha, sálvia e tomilho)
- 10 quadrados de massa de pastel
- 1 gema batida

Modo de preparo

Em uma panela, aqueça o azeite em fogo médio e refogue a cebola. Junte o linguado e refogue por dois minutos. Adicione o pimentão, o sal e cozinhe até o peixe ficar macio. Dissolva o amido de milho no leite e misture ao refogado, mexendo sempre, até engrossar. Retire do fogo, acrescente as ervas e misture. Deixe esfriar.

Preaqueça o forno em temperatura média (180 °C). Distribua porções do recheio no centro de cada quadrado de massa e feche unindo as bordas, formando um rolinho. Arrume-os em uma assadeira grande (40 cm x 28 cm) e pincele com a gema. Leve ao forno por 25 minutos ou até dourarem.

Sirva quente ou frio.

⏱ 30 MINUTOS DE PREPARO
🍴 10 PORÇÕES

Salmão assado na folha de bananeira

Ingredientes
- 1 kg de salmão
- Sal e pimenta-do-reino a gosto
- Raspas de um limão-siciliano
- 1 copo (100 ml) de azeite extravirgem
- 1 folha (pequena) de bananeira
- 1 cebola roxa

Modo de preparo

Corte o salmão em cubos. Tempere com o sal, a pimenta, a raspa de limão siciliano e o azeite extravirgem. Disponha sobre a folha de bananeira. Corte as cebolas e salpique sobre o salmão. Leve ao forno por 20 minutos, colocando a folha com o peixe em uma fôrma retangular.

Sirva quente ou frio.

Receitas Maravilhosas
Peixes e Frutos do Mar

🕒 1 HORA E 30 MINUTOS DE PREPARO
🍴 4 PORÇÕES

Badejo com cogumelos

Ingredientes
- 4 postas de badejo
- Sal, tomilho e pimenta a gosto
- 8 tomates em rodelas
- 1 xíc. (chá) de cogumelos em lâminas
- 2 col. (sopa) de molho pesto
- 2 col. (sopa) de azeite
- ½ xíc. (chá) de salsinha picada

MOLHO PESTO
- ½ xíc. (chá) de folhas de manjericão fresco
- 3 dentes de alho
- 5 castanhas-de-caju
- ½ xíc. (chá) de azeite
- 1 col. (sopa) de parmesão ralado
- Sal a gosto

Modo de preparo

Tempere as postas de badejo com sal, tomilho e pimenta a gosto. Deixe tomar gosto por 1 hora.

Prepare o pesto: coloque no liquidificador todos os ingredientes e bata bem por 5 minutos. Em uma fôrma pequena untada, faça camadas intercaladas de rodelas de tomate e cogumelos, terminando com os tomates. Espalhe o pesto, regue com uma colher de azeite e asse por 15 minutos em forno médio.

Passado esse tempo, retire a fôrma do forno e coloque as postas de badejo sobre os tomates. Regue com o azeite restante e a salsinha. Volte ao forno em temperatura baixa para assar por mais 30 minutos.

Pratos principais com peixes e frutos do mar
Eles fazem sucesso grelhados, assados, cozidos ou fritos

Receitas Maravilhosas
Peixes e Frutos do Mar

Pratos principais com peixes e frutos do mar
Eles fazem sucesso grelhados, assados, cozidos ou fritos

🕐 1 HORA DE PREPARO
🍴 5 PORÇÕES

Peixe rolê

Ingredientes

- 500 g de filé de pescada
- 1 envelope de tempero pronto para peixes
- 1 col. (chá) de sal
- 1 pitada de pimenta-do-reino
- ½ maço de folhas de espinafre
- 3 col. (sopa) de azeite de oliva
- ½ cebola
- 1 dente de alho
- 4 tomates
- 1 col. (chá) de sal

Modo de preparo

Em um recipiente, tempere os filés com o tempero pronto, o sal e a pimenta-do-reino e deixe tomar gosto por cerca de 20 minutos.

Higienize as folhas de espinafre e coloque sobre cada um dos filés. Enrole e prenda com um palito. Coloque os filés em um refratário untado com uma colher de azeite. Regue com mais uma colher de azeite. Cubra com papel-alumínio e leve ao forno preaquecido a 200 °C, por 20 minutos. Retire o papel-alumínio e deixe os rolinhos de peixe dourarem levemente.

Em uma panela, aqueça uma colher de azeite de oliva e doure a cebola ralada e o alho amassado. Acrescente os tomates sem pele e sem sementes, o sal e refogue por cerca de 5 minutos, em fogo baixo.

Retire os palitos do peixe e sirva o molho sobre os filés.

Receitas Maravilhosas
Peixes e Frutos do Mar

Pratos principais com peixes e frutos do mar
Eles fazem sucesso grelhados, assados, cozidos ou fritos

⏱ **55 MINUTOS DE PREPARO**
🍴 **5 PORÇÕES**

Bacalhau
gratinado

Ingredientes

- 500 g de bacalhau em postas dessalgado
- Amido de milho para empanar
- 2 col. (sopa) de azeite de oliva
- 1 dente de alho
- 1 cebola roxa pequena
- 1/2 pimentão verde
- 1/2 pimentão vermelho
- 1 tomate médio
- Alecrim a gosto
- 4 batatas médias cozidas cortadas em rodelas
- 50 g de queijo parmesão ralado
- 8 azeitonas pretas

MOLHO BRANCO

- 1 col. (sopa) de azeite de oliva
- 1 cebola média
- 3 col. (sopa) de amido de milho
- 2 xíc. (chá) de leite
- 1 col. (chá) de sal

Modo de preparo

Empane as postas de bacalhau com amido de milho. Em uma frigideira, adicione uma colher (sopa) do azeite e sele o bacalhau até dourar. Reserve.

Em uma frigideira, aqueça uma colher de azeite e adicione o alho em lâminas, a cebola, os pimentões e os tomates, todos cortados em tiras. Acrescente alecrim a gosto e refogue por cerca de 2 minutos. Reserve.

MOLHO BRANCO

Em uma panela média, adicione o azeite e refogue a cebola picada. Dissolva o amido de milho no leite, adicione o sal e junte ao refogado, mexendo até engrossar. Reserve.

MONTAGEM

Pré-aqueça o forno a 200 °C. Em um refratário, faça camadas de batatas cozidas, coloque metade do molho branco, disponha as postas do bacalhau, espalhe o refogado de vegetais, cubra com o restante do molho branco e salpique parmesão. Leve ao forno por 15 minutos ou até gratinar. Retire e distribua as azeitonas e o alecrim. Sirva.

Receitas Maravilhosas
Peixes e Frutos do Mar

🕒 **25 MINUTOS DE PREPARO**
🍴 **4 PORÇÕES**

Salmão especial
com legumes e açafrão

Ingredientes

- 4 postas de salmão
- Suco de 1 limão
- 2 dentes de alho
- 1 tomate
- ½ abobrinha italiana
- 4 batatas pequenas
- 3 col. (sopa) de manteiga
- Sal, pimenta-do-reino e salsinha picada a gosto
- Azeite de oliva a gosto
- Tomate-cereja, limão siciliano e folhas verdes para decorar

MOLHO DE AÇAFRÃO

- 100 g de manteiga
- 1 col. (sopa) de açafrão
- 2 col. (sopa) de suco de limão.

Modo de preparo

Em um refratário, tempere os filés de peixe com o limão e o alho espremido. Corte o tomate e a abobrinha em rodelas e acomode no refratário juntamente com o peixe temperado. Regue com azeite e leve ao forno por 15 minutos.

Enquanto isso, cozinhe as batatas com casca, sem deixar amolecer demais. Retire do fogo, escorra, passe por água fria e descasque-as.

Aqueça a manteiga em uma frigideira grande, acrescente as batatas e doure levemente. Tempere com sal e pimenta-do-reino a gosto e salpique salsinha bem picadinha.

Retire o peixe do forno e transfira para uma travessa de servir. Junte as batatas, decore com tomates-cerejas, folhas verdes e limão siciliano em fatias. Reserve mantendo quente.

MOLHO

Em uma frigideira, derreta a manteiga, despeje o açafrão e o suco de limão. Misture tudo e deixe cozinhar alguns minutos. Retire do fogo e despeje sobre o peixe com os legumes. Sirva em seguida.

Pratos principais com peixes e frutos do mar
Eles fazem sucesso grelhados, assados, cozidos ou fritos

Receitas Maravilhosas
Peixes e Frutos do Mar

🕐 1 HORA
DE PREPARO
🍴 5 PORÇÕES

Moedas
de peixe

Ingredientes

- 1 mandioquinha média
- 4 filés de pescada branca
- 2 col. (sopa) de margarina
- Sal a gosto
- 1 ovo
- 8 col. (sopa) de farinha de rosca
- 4 folhas de sálvia picada
- 3 col. (sopa) de gergelim branco

Modo de preparo

Em uma panela pequena, cozinhe a mandioquinha descascada em fogo médio. Enquanto isso, bata os filés no processador ou liquidificador até moer, mas sem ficar totalmente esfarelado – ou corte-os com a faca até obter cubos bem pequenos e homogêneos. Quando a mandioquinha estiver macia, escorra a água e amasse com um garfo. Junte a margarina, tempere com sal e misture bem para formar um purê.

Acrescente o peixe, a gema de ovo, duas colheres de farinha de rosca, a sálvia e misture bem até obter uma massa homogênea.

Em um prato fundo, bata a clara ligeiramente com um garfo. Em outro prato, misture com o gergelim as seis colheres de farinha de rosca que restaram.

Preaqueça o forno a 200 °C e divida a massa em porções de uma colher (sopa) cada, modelando bolinhas com as mãos. Achate-a para obter o formato de moeda. Passe-as pela clara e depois na mistura de farinha com gergelim.

Cubra toda a volta da moeda para que fique com uma casquinha uniforme. Coloque as moedas em uma assadeira antiaderente e asse por 40 minutos, virando-as na metade do tempo para que dourem por igual. Sirva.

Pratos principais com peixes e frutos do mar
Eles fazem sucesso grelhados, assados, cozidos ou fritos

Receitas Maravilhosas
Peixes e Frutos do Mar

🕐 **50 MINUTOS DE PREPARO**
🍴 **10 PORÇÕES**

Robalo *assado*

Ingredientes

- ½ xíc. (chá) de azeite de oliva
- Suco de 2 limões
- 2 col. (chá) de mostarda
- 1 kg de robalo cortado em postas grossas
- 300 g de minicebolas
- 500 g de batatas bolinhas
- 300 g de tomate-cereja
- 1 xíc. (chá) de azeitona preta
- Sal, pimenta-do-reino e ramos de alecrim a gosto

Modo de preparo

Misture o azeite de oliva, o suco do limão e a mostarda em uma tigela.

Em um recipiente, coloque o robalo para marinar por 20 minutos nessa mistura.

Coloque as postas do robalo em um refratário com as minicebolas, as batatas, os tomates e as azeitonas e tempere tudo com sal, pimenta-do-reino e alecrim.

Deixe assar por 20 minutos em forno preaquecido alto ou até a parte de cima do peixe dourar. Retire do forno, coloque em um prato e sirva as postas do peixe acompanhadas das cebolas, batatas e tomates.

Finalize com um fio de azeite de oliva e um ramo de alecrim fresco.

Pratos principais com peixes e frutos do mar
Eles fazem sucesso grelhados, assados, cozidos ou fritos

⏱ 1 HORA E 10 MINUTOS DE PREPARO
🍴 4 PORÇÕES

Salmão ao forno

Ingredientes

- 4 filés de salmão
- Sal e pimenta-do-reino a gosto
- 2 dentes de alho amassados
- Suco de 1 limão
- 1 col. (sopa) de coentro picado
- 2 cebolas cortadas em rodelas
- 2 pimentões verdes em rodelas
- 1 xíc. (chá) de caldo de peixe ou de legumes
- 2 col. (sopa) de alcaparra

Modo de preparo

Tempere os filés com sal, pimenta, alho, suco de limão e coentro. Deixe marinar por 20 minutos.

Unte uma assadeira com óleo, espalhe uma camada de cebola e uma de pimentão. Disponha os filés de salmão, um ao lado do outro. Regue com o molho do tempero e o caldo de peixe. Cubra com papel-alumínio e leve para assar em forno preaquecido por 30 minutos. Retire o papel-alumínio e deixe no forno por mais 10 minutos. Transfira os filés para a travessa de servir e reserve.

Passe os ingredientes que ficaram na assadeira por uma peneira, amassando-os bem com uma colher. Coloque em uma panela e leve ao fogo para ferver. Junte a alcaparra e sirva acompanhando o peixe.

1 HORA DE PREPARO
4 PORÇÕES

Peixe crocante

Ingredientes

- 4 postas médias de salmão
- 1 col. (chá) de sal
- ½ copo de suco de laranja sem açúcar
- 2 dentes de alho pequenos
- ¼ de col. (chá) de pimenta-caiena
- 3 col. (sopa) de quinoa

Modo de preparo

Tempere as postas de salmão com o sal, o suco de laranja, o alho e a pimenta. Deixe marinar por cerca de 30 minutos na geladeira.

Transfira para um refratário, cubra com papel-manteiga e leve ao forno médio por 20 minutos.

Leve a quinoa ao fogo com 9 colheres de água para cozinhar. Desligue o fogo e retire o excesso de líquido se necessário.

Retire o papel e cubra as postas com a quinoa cozida. Leve ao forno por mais três minutos, ou até dourar levemente, sem ressecar.

Sirva a seguir.

Receitas Maravilhosas
Peixes e Frutos do Mar

Pratos principais com peixes e frutos do mar
Eles fazem sucesso grelhados, assados, cozidos ou fritos

🕒 **30 MINUTOS DE PREPARO**
🍴 **10 PORÇÕES**

Filé de peixe com requeijão

Ingredientes
- 1 kg de filé de pescada ou linguado
- Suco de 2 limões
- Sal a gosto
- 1 xíc. (chá) de molho de tomate pronto temperado
- 1 xíc. (chá) de requeijão

Modo de preparo
Tempere os filés de peixe com limão e sal.

Coloque-os em uma travessa refratária e despeje, por cima, o molho de tomate.

Cubra com o requeijão. Leve ao forno quente por 20 minutos.

Receitas Maravilhosas
Peixes e Frutos do Mar

🕒 35 MINUTOS DE PREPARO
🍴 8 PORÇÕES

Sardinha empanada

Ingredientes

- 500 g de sardinhas limpas
- Suco de ½ limão
- Sal a gosto
- 1 xíc. (chá) de farinha de milho
- 1 col. (sopa) de gergelim
- 1 xíc. (chá) de farinha de rosca
- Salsinha picada a gosto
- Manjericão desidratado a gosto
- Pimenta-do-reino a gosto
- 2 claras para empanar
- Azeite para untar

Modo de preparo

Tempere as sardinhas com o suco de limão e o sal. Reserve.

Em uma tigela, misture a farinha de milho, o gergelim, a farinha de rosca, a salsinha, o manjericão e a pimenta.

Para empanar, passe a parte de dentro da sardinha na clara e envolva-a na farofa sem empanar a parte da pele.

Distribua em uma assadeira untada com um pouco de azeite de oliva com a parte da pele virada para baixo. Asse em forno médio durante 20 minutos ou até dourar.

Pratos principais com peixes e frutos do mar
Eles fazem sucesso grelhados, assados, cozidos ou fritos

⏲ 55 MINUTOS DE PREPARO
🍴 4 PORÇÕES

Enroladinho de peixe com shitake

Ingredientes
- 4 filés (médios) de linguado
- Sal a gosto
- Suco de 4 limões pequenos
- 1 cebola pequena
- 4 col. (sopa) de shitake fresco
- 4 col. (sopa) de farelo de aveia ou farinha de milho em flocos finos
- 1 col. (sopa) de salsinha crua
- Papel-alumínio

Modo de preparo
Tempere os filés com o sal e o suco de limão e leve à geladeira por aproximadamente 30 minutos.

Em uma panela antiaderente, doure a cebola picada e metade dos shitakes também picados, até ficarem macios. Acrescente aos poucos o farelo de aveia, mexendo até obter uma farofa úmida. Corrija o sal e reserve.

Sobre cada filé, coloque uma colher (sopa) da farofa e enrole como se fosse um rocambole. Coloque sobre um quadrado de papel-alumínio, salpique a salsa e o restante dos cogumelos picados. Feche bem os pacotinhos e leve ao forno por 15 minutos. Sirva a seguir.

1 HORA DE PREPARO
10 PORÇÕES

Lula com espinafre em camadas

Ingredientes

- 1 e ½ kg de lulas limpas
- ¾ de xíc. (chá) de farinha de trigo
- 1 e ½ xíc. (chá) de cebola picada
- 4 dentes de alho bem picados
- 5 col. (sopa) de azeite
- 5 xíc. (chá) de folhas de espinafre bem lavadas e enxutas
- Sal e pimenta-do-reino a gosto
- ¼ de xíc. (chá) de gergelim ou farinha de rosca

Modo de preparo

Preaqueça o forno a 200 °C. Unte uma fôrma refratária redonda.

Corte as lulas ao meio no sentido do comprimento. Faça cortes diagonais com uma faca afiada na superfície de cada metade, para evitar que se enrolem enquanto assam. Passe as metades e os tentáculos na farinha de trigo, recobrindo-os bem. Refogue a cebola e o alho no azeite.

Na fôrma untada, monte camadas alternadas de lula e espinafre. Salpique cada camada com sal e pimenta, espalhando um pouco de cebola e alho por cima. Por fim, polvilhe com gergelim ou farinha de rosca. Cubra com papel-alumínio e asse por 15 a 20 minutos ou até a lula ficar opaca.

Receitas Maravilhosas
Peixes e Frutos do Mar

⏱ 35 MINUTOS DE PREPARO
🍴 2 PORÇÕES

Filé de pescada
com molho de agrião

Ingredientes

- 2 filés grandes de pescada ou linguado
- 1 col. (sopa) de suco de limão
- ½ col. (sopa) de azeite de oliva
- 2 col. (sopa) de salsa e cebolinha picadas
- Sal a gosto
- ½ xíc. (chá) de cenoura ralada

MOLHO DE AGRIÃO

- ½ copo de iogurte natural
- ½ col. (sopa) de amido de milho
- ½ xíc. (chá) de folhas de agrião bem lavadas
- ¾ de xíc. (chá) de água
- ½ cebola picada
- ½ col. (café) de açúcar
- Sal e pimenta-do-reino a gosto

Modo de preparo

Salpique os filés com limão, azeite, salsa, cebolinha e sal. Deixe descansar por 30 minutos. Espalhe a cenoura ralada sobre os filés e enrole. Prenda com palitos.

Coloque em um recipiente retangular com tampa e leve ao forno por 15 a 20 minutos.

MOLHO DE AGRIÃO

Misture o iogurte com o amido de milho. Reserve.

Bata no liquidificador as folhas de agrião, a água, a cebola, o açúcar, o sal e a pimenta-do-reino. Coloque em uma panela juntamente com o iogurte e o amido, tampe e leve ao fogo para engrossar. Mexa de vez em quando para não empelotar. Despeje o molho sobre os filés e sirva quente.

Pratos principais com peixes e frutos do mar
Eles fazem sucesso grelhados, assados, cozidos ou fritos

Receitas Maravilhosas
Peixes e Frutos do Mar

Pratos principais com peixes e frutos do mar
Eles fazem sucesso grelhados, assados, cozidos ou fritos

⏲ 40 MINUTOS DE PREPARO
🍴 5 PORÇÕES

Filé de peixe branco
com ervas e feno-grego

Ingredientes
- 1 col. (chá) de manjerona
- 1 col. (chá) de tomilho
- 1 col. (chá) de manjericão
- 1 col. (chá) de alecrim
- 1 col. (chá) de sálvia
- 1 col. (chá) de feno-grego em pó
- 2 col. (chá) de sal
- 5 filés médios de peixe branco
- Suco de 2 limões
- 1 cebola grande cortada em fatias
- 1 tomate grande cortado em fatias
- Papel-manteiga

Modo de preparo
Misture todas as ervas e o feno-grego com o sal e reserve.

Tempere os filés de peixe com o suco de limão e a mistura das ervas. Forre uma fôrma com papel-manteiga. Acomode as fatias de cebola e sobre elas o tomate. Disponha os filés de peixe. Feche o papel-manteiga formando um papillote. Deixe no forno preaquecido por aproximadamente 20 minutos a 180 °C ou até que fiquem cozidos. Retire do forno e consuma ainda quente com as rodelas de tomate e cebola.

20 MINUTOS DE PREPARO
5 PORÇÕES

Linguado com amêndoas

Ingredientes

- Azeite de oliva extravirgem
- 5 filés médios de linguado
- 1 limão
- Sal e pimenta-do-reino a gosto
- 1 xíc. (chá) de amêndoas torradas em lascas

Modo de preparo

Unte uma fôrma com azeite e disponha os filés de linguado.

Esprema o limão sobre os peixes e tempere com sal e pimenta. Salpique as amêndoas.

Leve para assar coberto com papel-manteiga até que os filés fiquem dourados. Sirva quente.

⏱ 50 MINUTOS DE PREPARO
🍴 4 PORÇÕES

Filé de peixe com camarão

Ingredientes

- 4 filés de peixe
- 2 col. (sobremesa) de óleo
- 5 col. (sopa) de farinha de rosca
- 1 col. (sopa) de salsa picada
- 10 camarões limpos
- 5 col. (sopa) de molho de tomate pronto
- Sal e pimenta-do-reino a gosto

Modo de preparo

Pincele os filés de peixe com uma colher de óleo. Misture quatro colheres de farinha de rosca com salsa picada e sal e besunte os filés.

Coloque o peixe em uma fôrma grande, regue com o óleo restante e leve ao forno preaquecido a 180 °C, por 10 minutos.

Enquanto isso, refogue por um minuto os camarões em fogo alto. Na sequência, coloque o molho e polvilhe sal e pimenta-do-reino. Deixe no fogo para apurar.

Retire o peixe do forno, distribua os camarões sobre ele, polvilhe uma colher de farinha de rosca e volte ao forno por mais 5 a 7 minutos.

Receitas Maravilhosas
Peixes e Frutos do Mar

Pratos principais com peixes e frutos do mar
Eles fazem sucesso grelhados, assados, cozidos ou fritos

🕐 **50 MINUTOS DE PREPARO**
🍴 **6 PORÇÕES**

Sardinhas
recheadas com ervas

Ingredientes

- 6 unidades de sardinha fresca
- 3 col. (sopa) de suco de limão
- Sal, pimenta-do-reino branca e alecrim a gosto
- 2 col. (sopa) de salsinha
- 2 col. (sopa) de cebolinha verde
- 2 dentes de alho amassados
- 1 xíc. (chá) de azeite

Modo de preparo

Limpe as sardinhas, lavando em água corrente. Regue o peixe com o suco de limão e tempere com sal e pimenta a gosto. Deixe descansar por alguns minutos.

Numa tigela, junte a salsinha, a cebolinha, o alho e o alecrim. Misture bem. Recheie as sardinhas com essa mistura de ervas e coloque-as numa assadeira untada com ⅓ do azeite. Regue com o restante do azeite e leve ao forno para assar por cerca de 30 minutos, umedecendo as sardinhas às vezes com a gordura da assadeira para que elas não ressequem.

Receitas Maravilhosas
Peixes e Frutos do Mar

🕒 **30 MINUTOS DE PREPARO**
🍴 **2 PORÇÕES**

Moqueca de peixe **apimentada**

Ingredientes

- 1 fio de azeite
- 200 g de filé de peixe cherne (ou cação) cortado em cubos grandes
- 1 cebola ralada
- 1 dente de alho ralado
- 150 ml de caldo de peixe
- 100 g de tomates
- 2 col. (sopa) de coentro picado
- Sal e páprica picante a gosto
- 1 col. (chá) de pimenta-calabresa
- Sal a gosto
- Salsa e cebolinha a gosto

Modo de preparo

Aqueça o azeite em uma panela grande e doure o peixe. Retire da panela e reserve.

Na mesma panela, deixe dourar a cebola e o alho. Adicione o caldo de peixe, o tomate picado sem sementes, o coentro, o sal, a páprica picante e a pimenta-calabresa e cozinhe em fogo baixo por 5 minutos. Acrescente o peixe refogado, acerte o sal e, quando começar a ferver, desligue o fogo.

Transfira o conteúdo para uma travessa, salpique salsa e cebolinha e sirva.

Pratos principais com peixes e frutos do mar
Eles fazem sucesso grelhados, assados, cozidos ou fritos

Receitas Maravilhosas
Peixes e Frutos do Mar

Pratos principais com peixes e frutos do mar
Eles fazem sucesso grelhados, assados, cozidos ou fritos

🕐 **55 MINUTOS DE PREPARO**
🍴 **5 PORÇÕES**

Escondidinho
de atum

Ingredientes

PURÊ
- 4 batatas médias
- ½ xíc. (chá) de leite
- 1 col. (sopa) de margarina
- Sal a gosto

RECHEIO
- 1 lata de atum em água
- 2 col. (sopa) de margarina
- 2 cebolas cortadas em rodelas
- Sal a gosto
- 2 col. (sopa) de azeitonas pretas, sem caroços, fatiadas
- 2 col. (sopa) de queijo parmesão ralado

Modo de preparo

PURÊ

Descasque as batatas, corte-as em pedaços e cozinhe em água temperada com sal.

Escorra as batatas e passe pelo espremedor.

Em uma panela, junte a batata amassada, o leite e a margarina. Leve ao fogo, mexendo bem, até obter um purê homogêneo. Acerte o sal e reserve.

RECHEIO

Na frigideira, junte o atum escorrido, a margarina, as cebolas e refogue até que as cebolas murchem e dourem. Junte a azeitona e misture. Tempere com sal a gosto.

MONTAGEM

Unte 5 cumbucas (se preferir, use um pirex) e preencha ⅓ de cada uma com o purê. Distribua o refogado de atum.

Finalize cobrindo cada refratário com o restante do purê de batata. Polvilhe a superfície com o queijo parmesão.

Leve ao forno médio (180 °C), preaquecido, por cerca de 10 minutos ou até que a superfície comece a dourar. Sirva em seguida.

⏱ 30 MINUTOS DE PREPARO
🍴 6 PORÇÕES

Moqueca de peixe ao leite de coco

Ingredientes

- 6 postas de peixe de sua preferência
- 1 limão
- 1 col. (sopa) de mostarda
- 1 dente de alho pequeno
- Sal a gosto
- 6 tomates
- 2 cebolas fatiadas
- 4 col. (sopa) de salsa
- 1 pimentão verde fatiado
- 1 col. (sopa) de azeite de oliva
- ½ vidro de leite de coco pequeno
- Sal a gosto

Modo de preparo

Sobre as postas de peixe, esprema o limão. Em seguida, lave o peixe em água corrente. Tempere as postas com mostarda, alho e sal. Reserve.

Em uma panela, coloque dois tomates picados e uma cebola fatiada. Acomode, por cima, as postas do peixe. Espalhe duas colheres de sopa de salsa, a outra cebola em fatias, quatro tomates fatiados e o pimentão. Leve para cozinhar na panela tampada. Corrija o sal caso seja necessário. Depois de cozido, desligue o fogo e salpique a salsa restante. Regue as postas com o azeite de oliva e o leite de coco de maneira uniforme.

Tampe por alguns minutos e então sirva.

⏱ 1 HORA DE PREPARO
🍴 5 PORÇÕES

Bacalhau de festa

Ingredientes

- ½ kg de bacalhau dessalgado e cortado em pedaços
- 5 batatas em rodelas
- 3 col. (sopa) de alcaparras
- 2 dentes de alho amassados
- ½ xíc. (chá) de azeitonas verdes picadas
- ½ xíc. (chá) de uvas-passas brancas
- 3 col. (sopa) de salsinha
- ½ xíc. (chá) de azeite de oliva

Modo de preparo

Cozinhe o bacalhau por 30 minutos, tomando o cuidado de manter os pedaços inteiros. Após o cozimento, disponha em camadas num refratário o bacalhau em pedaços, as rodelas de batata, alcaparras, azeitonas, uvas-passas e a salsinha.

Regue com o azeite e leve ao forno baixo para assar por cerca de 30 minutos, coberto com papel-alumínio.

Receitas Maravilhosas
Peixes e Frutos do Mar

🕒 **50 MINUTOS DE PREPARO**
🍴 **3 PORÇÕES**

Camarão
na moranga

Ingredientes

> 1 moranga grande higienizada
> 2 fios de azeite de oliva
> Sal, pimenta-do-reino e cheiro-verde a gosto
> 2 dentes de alho picados
> 1 cebola grande picada em cubinhos
> 600 g de camarão médio limpo e descascado
> 3 col. (sopa) de molho de tomate pronto
> 100 g de requeijão
> 100 g de queijo muçarela ralado

Modo de preparo

Corte uma tampa na parte de cima da moranga. Com o auxílio de uma colher, desconecte a tampa do resto da abóbora e retire as sementes. Tempere a abóbora por dentro com um fio de azeite, sal e pimenta-do-reino. Cubra com papel-alumínio e asse a abóbora com a abertura virada para baixo em forno, em temperatura média, por uma hora. Despreze o alumínio e retire três colheres (sopa) de polpa da abóbora. Leve essa quantia a um processador até que vire um purê. Reserve.

Em uma panela grande, coloque um fio de azeite, doure o alho e a cebola e refogue os camarões. Reserve.

Em outra panela, adicione o molho de tomate, o requeijão, a muçarela e o purê de abóbora. Mexa até engrossar. Acrescente o camarão e tempere com cheiro-verde a gosto. Despeje esse molho dentro da abóbora e sirva.

Pratos principais com peixes e frutos do mar
Eles fazem sucesso grelhados, assados, cozidos ou fritos

⏱ 1 HORA E 30 MINUTOS DE PREPARO
🍴 6 PORÇÕES

Atum gratinado

Ingredientes

- 5 batatas médias
- 1 cenoura
- ½ xíc. (chá) de leite
- 1 col. (sopa) de manteiga
- 3 col. (sopa) de queijo parmesão ralado
- ½ cebola picada
- 2 dentes de alho picados
- 1 lata de atum
- Sal, salsa picada e pimenta-do-reino a gosto
- 3 col. (sopa) de creme de ricota
- Queijo muçarela em fatias para cobrir

Modo de preparo

Cozinhe as batatas e a cenoura em água fervente. Quando estiverem macias, desligue o fogo, escorra e amasse com um garfo ou espremedor. Junte o leite, a manteiga e uma colher de queijo parmesão ralado. Volte ao fogo baixo e mexa só até secar o leite. Acerte o sal e reserve.

Em uma panela, refogue a cebola, o alho, o atum escorrido e salsa a gosto. Junte o creme de ricota, acerte o sal e polvilhe pimenta-do-reino a gosto.

Em uma travessa, coloque metade do purê, o recheio de atum, cubra com o restante do purê e espalhe fatias de muçarela e duas colheres de parmesão ralado.

Leve ao forno a 180 °C para gratinar.

⏱ 1 HORA DE PREPARO
🍴 6 PORÇÕES

Camarão tropical

Ingredientes

- 1 kg de camarões médios limpos
- 2 col. (sopa) de suco de limão
- 1 col. (chá) de mostarda
- 1 xíc. (chá) de água
- 1 col. (sopa) de molho inglês
- 1 cebola média fatiada
- 10 tomates-cereja
- 1 dente de alho
- 1 maçã-verde
- Salsa e cebolinha a gosto picados
- Sal a gosto
- 50 g de azeitonas pretas
- Alecrim a gosto

Modo de preparo

Cozinhe os camarões em água e sal. Escorra e reserve.

Misture o suco de limão com a mostarda, a água e o molho inglês.

Junte a cebola, os tomates cortados ao meio, o alho amassado, a maçã picada, a salsa e a cebolinha. Acerte o sal.

Arrume os camarões em uma travessa. Espalhe as azeitonas e cubra com o molho.

Deixe repousar por meia hora na geladeira antes de servir.

Use alecrim para aromatizar. Leve ao forno médio preaquecido por aproximadamente 30 minutos e sirva.

Receitas Maravilhosas
Peixes e Frutos do Mar

Pratos principais com peixes e frutos do mar
Eles fazem sucesso grelhados, assados, cozidos ou fritos

🕐 **1 HORA DE PREPARO**
🍴 **12 PORÇÕES**

Escondidinho de bacalhau

Ingredientes

- 1 moranga inteira grande cortada em cubos
- 2 sachês de caldo de legumes
- 1 cebola grande picada
- 2 col. (sopa) de manteiga sem sal
- 3 col. (sopa) de requeijão cremoso
- Sal a gosto
- Azeite de oliva extravirgem a gosto
- 1 dente de alho picado
- 1 kg de bacalhau dessalgado e desfiado
- Tempero para peixe pronto a gosto
- Salsa, cebolinha e alecrim fresco a gosto
- Queijo parmesão ralado para polvilhar

Modo de preparo

Coloque os cubos de moranga em uma panela com água e ferva um pouco para a casca amolecer. Escorra e retire a casca.

Volte a moranga para a panela e cubra com água novamente. Junte os sachês de caldo de legumes. Deixe cozinhar até amolecer, escorra e amasse com o garfo.

Em uma panela, coloque metade da cebola picada e a manteiga. Deixe fritar um pouco e junte à moranga amassada. Mexa bem e adicione o requeijão. Tempere com sal a gosto, desligue o fogo e reserve.

À parte, em uma frigideira grande, coloque bastante azeite no fundo, o restante da cebola picada, o alho e frite. Adicione o bacalhau, misture bem e deixe cozinhar um pouco. Acrescente uma pitada de tempero para peixe, salsa e cebolinha a gosto. Mexa bem, deixe secar mais um pouco e desligue o fogo.

Em cumbucas pequenas, coloque uma camada de purê e cubra com uma camada de bacalhau. Repita a ordem e finalize com uma camada de purê. Polvilhe queijo ralado. Leve ao forno médio preaquecido por 30 minutos e sirva.

30 MINUTOS DE PREPARO
5 PORÇÕES

Peixe ensopado

Ingredientes

- 2 col. (sopa) de azeite de oliva
- 4 tomates
- 3 batatas grandes
- 500 g de pintado em postas limpas
- 1 tablete de caldo de legumes
- 1 xíc. (chá) de água quente
- Cebolinha picada para decorar

Modo de preparo

Em uma panela, aqueça o azeite de oliva, junte os tomates sem sementes picados e refogue por cerca de cinco minutos, mexendo sempre. Acrescente as batatas cortadas em fatias finas, as postas do peixe, o caldo de legumes e uma xícara (chá) de água quente.

Cozinhe por cerca de 15 minutos, virando cuidadosamente o peixe e as batatas durante o cozimento. Desligue o fogo, transfira para um prato, polvilhe a cebolinha picada para decorar e sirva a seguir.

⏱ 45 MINUTOS DE PREPARO
🍴 10 PORÇÕES

Bobó de camarão

Ingredientes

- 1 kg de camarão médio sem casca
- Suco de limão a gosto
- 1 dente de alho
- 3 cubos de caldo sabor tempero baiano
- 1 litro de água fervente
- 1 kg de mandioca descascada e cortada em pedaços
- 1 vidro pequeno de leite de coco
- 2 col. (sopa) de óleo
- 2 col. (sopa) de azeite de dendê
- 1 pimentão verde médio cortado em cubos pequenos
- 1 lata de molho de tomate
- 3 col. (sopa) de coentro picado
- Molho de pimenta a gosto

Modo de preparo

Tempere o camarão com o suco de limão e o alho amassado. Reserve por 20 minutos

Em uma panela média, dissolva os cubos de caldo sabor tempero baiano na água fervente, junte a mandioca e cozinhe por 20 minutos ou até começar a desmanchar. Deixe amornar.

Bata no liquidificador a mandioca com o caldo do cozimento e o leite de coco até formar um creme homogêneo. Reserve.

Em outra panela, aqueça o óleo e o azeite de dendê em fogo médio e refogue o camarão e o pimentão. Junte o molho de tomate e deixe ferver por 3 minutos.

Adicione o creme de mandioca reservado, acrescente o coentro e cozinhe por cerca de 3 minutos, mexendo sempre.

Coloque molho de pimenta a gosto e sirva em seguida.

🕐 50 MINUTOS DE PREPARO
🍴 4 PORÇÕES

Bacalhau com farofa de couve

Ingredientes

- 3 limões-rosa
- 1 litro de azeite de oliva extravirgem
- 1 maço pequeno de couve
- 2 dentes de alho picados
- 1 cebola roxa fatiada fina
- 1 pimenta-dedo-de-moça picada
- Sal e pimenta-do-reino moída
- 100 g de farinha de mandioca torrada
- 4 postas de bacalhau dessalgado

Modo de preparo

Comece preparando o azeite de limão-rosa: retire a casca do limão e raspe a parte branca. Corte as cascas em tiras finas e ferva com água por dois minutos. Escorra e reserve. Aqueça metade do azeite e adicione as cascas do limão. Tire do fogo e coloque o restante do azeite. Reserve.

Misture a couve picada, o alho, a cebola e a pimenta-dedo-de-moça. Acrescente o suco dos limões descascados mais 100 ml do azeite preparado com as cascas. Tempere com sal e pimenta-do-reino e misture bem. Acrescente a farinha e mexa. Reserve.

Coloque as postas numa panela e cubra com o azeite de limão. Cozinhe por 15 minutos em fogo baixo. Retire e doure numa frigideira preaquecida. Sirva sobre a farofa.

⏱ 30 MINUTOS DE PREPARO
🍴 4 PORÇÕES

Peixe com legumes no micro-ondas

Ingredientes
- 1 abobrinha média
- 2 cenouras médias
- 3 mandioquinhas pequenas
- 2 filés grandes de merluza ou pescada
- Sal, alho, azeite e cheiro-verde a gosto
- ½ cebola
- 2 col. (sopa) de molho pronto de tomate

Modo de preparo
Higienize e corte os legumes em rodelas bem finas. Reserve.

Corte os filés em retângulos de aproximadamente três dedos e depois tempere com sal, alho, azeite e cheiro-verde.

Em um refratário, monte camadas na seguinte ordem: cenoura, mandioquinha, abobrinha, peixe, cebola e molho de tomate. Tampe e leve ao micro-ondas em potência máxima por 20 minutos. Assim que os legumes estiverem cozidos, mantenha a receita tampada por mais 10 minutos. Sirva com arroz branco.

Receitas Maravilhosas
Peixes e Frutos do Mar

Pratos principais com peixes e frutos do mar
Eles fazem sucesso grelhados, assados, cozidos ou fritos

⏱ **1 HORA E 20 MINUTOS DE PREPARO**
🍴 **14 PORÇÕES**

Caldeirada de
peixe, camarão e lula

Ingredientes

- 1 kg de Saint Peter em postas
- 1 kg de badejo limpo, cortado em pedaços médios
- 500 g de camarão médio limpo e sem casca
- 300 g de lula limpa e cortada
- Suco de limão, cheiro-verde picado e pimenta-dedo-de-moça picada a gosto
- Alho amassado misturado com sal a gosto
- 6 tomates sem sementes picados
- 3 cebolas cortadas em cubos
- 1 pimentão vermelho em tiras
- 8 dentes de alho descascados
- Salsa, cebolinha picada e orégano a gosto
- ½ xíc. (chá) de suco de tomate
- ½ xíc. (chá) de azeite de oliva
- ¼ de xíc. (chá) de leite de coco

Modo de preparo

Lave os peixes, o camarão e as lulas e escorra. Tempere os peixes, o camarão e a lula com o suco de limão, o alho amassado com sal, a salsinha e a cebolinha. Deixe no tempero por 30 minutos.

Em uma panela, monte camadas com o tomate, a cebola, o pimentão, as postas de peixe, a lula, os camarões e os dentes de alho inteiros. Salpique salsa, cebolinha e orégano. Repita a operação, intercalando as camadas, até acabarem os ingredientes. Finalize com o suco de tomate, azeite, salsinha e cebolinha.

Leve ao fogo baixo, por mais ou menos 20 a 30 minutos para encorpar o molho. Acrescente o leite de coco, misture delicadamente e sirva.

40 MINUTOS DE PREPARO
2 PORÇÕES

Gratinado de bacalhau com alcaparras e tomate

Ingredientes

- 2 dentes de alho picados
- Azeite de oliva para refogar e untar
- 300 g de bacalhau dessalgado e desfiado
- 2 col. (sopa) de alcaparras
- 1 tomate maduro em cubos
- Sal e pimenta-do-reino a gosto
- 4 mandioquinhas cozidas
- 2 col. (sopa) de manteiga
- 3 col. (sopa) de requeijão
- Leite o suficiente para obter textura de purê
- Queijo parmesão ralado para polvilhar

Modo de preparo

Em uma panela, refogue um dente de alho em azeite e junte o bacalhau. Deixe cozinhar por alguns minutos. Adicione as alcaparras e o tomate e mexa bem até o tomate começar a desmanchar. Tempere com sal e pimenta. Reserve.

Amasse a mandioquinha, refogue a manteiga com o alho restante e acrescente a mandioquinha espremida. Misture bem e adicione leite até obter a consistência de purê. Coloque o requeijão e misture. Regue um refratário com azeite e coloque o bacalhau. Acrescente delicadamente o purê e finalize com queijo parmesão ralado. Leve ao forno a 180 °C para gratinar e sirva em seguida.

⏱ 1 HORA DE PREPARO
🍴 10 PORÇÕES

Moqueca de camarão

Ingredientes

- 1 kg de camarão limpos
- Sal a gosto
- 50 ml de azeite de oliva extravirgem
- 4 dentes de alho
- Cebolinha e salsinha picada a gosto
- 1 pimentão vermelho em rodelas
- 1 pimentão verde em rodelas
- 3 cebolas fatiadas
- 3 tomates em fatias
- 400 ml de leite de coco
- 100 ml de azeite de dendê
- Sal e pimenta-do-reino a gosto
- Pimenta-biquinho a gosto

Modo de preparo

Tempere o camarão com sal e sele no azeite com o alho amassado. Reserve.

Em uma panela grande, arrume em camadas alternadas: camarão, ervas, pimentões, cebolas e tomates. Finalize com o leite de coco e o dendê. Adicione sal e pimenta a gosto. Leve ao fogo brando e tampe a panela. Deixe cozinhar até que o camarão esteja macio. Decore com pimenta-biquinho e sirva.

Receitas Maravilhosas
Peixes e Frutos do Mar

🕐 30 MINUTOS DE PREPARO
🍴 1 PORÇÃO

Camarão com purê de couve-flor

Ingredientes

- 120 g de camarão grande com a cauda
- Sal e pimenta-do-reino a gosto
- 250 ml de vinho branco
- ½ col. (café) de tomilho seco
- 1 folha de louro
- ½ dente de alho amassado
- ½ talo de alho-poró em rodelas finas
- Ramos de tomilho e folhas de louro

PURÊ DE COUVE-FLOR
- 1 xíc. (chá) de couve-flor
- 1 col. (café) de margarina
- 2 col. (sopa) de leite
- Sal, pimenta-do-reino e noz-moscada a gosto
- 1 col. (chá) de parmesão

Modo de preparo

Tempere o camarão com sal, pimenta e duas colheres (sopa) do vinho. Reserve.

Em uma panela, junte o vinho restante, o tomilho, o louro e o alho. Leve ao fogo em banho-maria até ferver. Acrescente os camarões e o alho-poró. Coloque a tampa e deixe cozinhar em fogo baixo por 20 minutos.

PURÊ DE COUVE-FLOR

Cozinhe a couve-flor em água por 20 minutos. Escorra e bata no liquidificador até virar purê.

Em outra panela, derreta a margarina, adicione a couve-flor e o leite. Cozinhe em fogo baixo por alguns minutos. Tempere com sal, pimenta e noz-moscada a gosto.

Sirva os camarões ao lado do purê salpicado com parmesão.

Pratos principais com peixes e frutos do mar
Eles fazem sucesso grelhados, assados, cozidos ou fritos

⏱ 50 MINUTOS DE PREPARO
🍴 8 PORÇÕES

Camarão ao curry

Ingredientes
- 1 cebola picada
- ½ xíc. (café) de azeite de oliva
- 2 tomates
- 1 kg de camarão limpo
- 2 maçãs
- ½ copo de vinho branco seco
- 1 col. (sopa) de curry
- ½ xíc. (chá) de água
- Sal e pimenta-do-reino a gosto

Modo de preparo
Refogue a cebola picadinha no azeite. Em seguida, junte os tomates picados sem sementes. Acrescente os camarões e deixe dourar. Descasque, pique e acrescente as maçãs, o vinho, o curry dissolvido na água, o sal e a pimenta. Tampe a panela e deixe ferver em fogo brando, até que as maçãs cozinhem.

40 MINUTOS DE PREPARO
4 PORÇÕES

Carciofo Farcito

Ingredientes

- 4 fundos de alcachofras médias
- Azeite de oliva a gosto
- ½ dente de alho picado
- 200 g de camarão médio sem casca ou 8 camarões picados grosseiramente
- Sal e pimenta-do-reino a gosto
- 30 ml de vinho branco seco
- 200 ml de creme de leite
- 50 g de cream cheese
- 150 g de muçarela ralada
- Margarina para untar
- 1 col. (sopa) de salsa picada

Modo de preparo

Cozinhe as alcachofras em água e sal até ficarem tenras.

Em panela untada com azeite, doure o alho, seguido do camarão, e tempere com sal e pimenta. Junte o vinho e deixe evaporar o álcool. Adicione o creme de leite e deixe reduzir. Incorpore o cream cheese e 50 g de queijo muçarela.

Em uma travessa untada com a margarina, distribua os fundos de alcachofra. Disponha o ragu de camarão sobre cada um deles. Polvilhe o restante da muçarela ralada e leve para gratinar. Em seguida, salpique a salsa. Sirva imediatamente.

Receitas Maravilhosas
Peixes e Frutos do Mar

🕒 45 MINUTOS DE PREPARO
🍴 4 PORÇÕES

Cavaquinha com cuscuz marroquino

Ingredientes

- 4 cavaquinhas médias
- Sal a gosto
- ½ xíc. (chá) de sêmola (cuscuz marroquino)
- 6 col. (sopa) de azeite de oliva
- ½ xíc. (chá) de ervas frescas (salsinha, endro, sálvia) picadas
- 1 xíc. (chá) de endro

Modo de preparo

Lave as cavaquinhas, tire a casca, lave novamente e tempere com sal. Reserve.

Coloque em uma travessa a sêmola, uma colher de azeite de oliva, sal e 150 ml de água morna. Deixe hidratar por 10 minutos e solte os grãos de vez em quando com um garfo. Em seguida, misture as ervas, acerte o sal e reserve.

Aqueça uma colher de azeite de oliva em uma frigideira, disponha as cavaquinhas e frite até amaciar. Retire do fogo e reserve.

Coloque no copo do processador o endro, 4 colheres de azeite e sal. Bata por 3 minutos. Passe a mistura por uma peneira de malha fina.

Em cada prato, arrume o cuscuz com um aro vazado (10 cm de diâmetro), por cima disponha a cavaquinha e regue com o azeite de endro.

Pratos principais com peixes e frutos do mar
Eles fazem sucesso grelhados, assados, cozidos ou fritos

Receitas Maravilhosas
Peixes e Frutos do Mar

Pratos principais com peixes e frutos do mar
Eles fazem sucesso grelhados, assados, cozidos ou fritos

🕐 1 HORA E 20 MINUTOS DE PREPARO
🍴 4 PORÇÕES

Surubim com espuma
de coco e chicória frita

Ingredientes

ESPUMA DE COCO
- ½ xíc. (chá) de água de coco
- ½ xíc. (chá) de leite de coco
- 2 col. (chá) de coco fresco ralado
- 1 col. (sopa) de açúcar
- 1 pitada de gengibre em pó
- 1 folha de gelatina sem sabor e incolor

SURUBIM
- 4 medalhões de surubim
- 2 col. (sopa) de farinha de trigo
- 4 col. (sopa) de azeite de oliva
- Sal e pimenta-do-reino a gosto
- Folhas de ½ maço médio de chicória

Modo de preparo

ESPUMA DE COCO

Coloque em uma panela a água de coco, o leite de coco, o coco ralado, o açúcar e o gengibre. Leve ao fogo e cozinhe por 10 minutos.

Retire do fogo, coe e incorpore a folha de gelatina hidratada em 100 ml de água. Volte ao fogo baixo e cozinhe até a gelatina dissolver. Retire do fogo e deixe repousar por uma hora na geladeira. No momento de servir, transfira para uma garrafa sifão (usadas para chantilly).

SURUBIM

Tempere o peixe com sal e pimenta-do-reino. Empane-o com uma fina camada de farinha de trigo misturada com duas colheres de azeite de oliva bem quente. Leve ao fogo para selar, retire e reserve.

Aqueça duas colheres de azeite em uma panela por dois minutos. Junte, aos poucos, as folhas de chicória e frite até ficarem crocantes. Retire do fogo e espalhe sobre uma toalha de papel.

MONTAGEM

Arrume os medalhões de surubim nos pratos, distribua a espuma de coco e disponha as folhas de chicória fritas.

Receitas Maravilhosas
Peixes e Frutos do Mar

🕐 30 MINUTOS DE PREPARO
🍴 2 PORÇÕES

Peixe com gergelim

Ingredientes
- 2 filés de pescada
- 1 col. (sopa) de azeite de oliva
- Suco de 1 limão
- Sal a gosto
- 3 ovos
- 200 g de farinha de trigo
- 100 g de gergelim branco
- 100 g de gergelim preto
- Óleo para fritar

Modo de preparo

Passe os filés de peixe no azeite e no limão e tempere com sal a gosto. Aguarde 10 minutos.

Em seguida, em um prato, passe os filés no ovo batido e depois na farinha de trigo para empanar. Finalize passando o peixe no gergelim branco e no preto até cobrir os filés por completo. Frite em óleo quente até dourar.

Pratos principais com peixes e frutos do mar
Eles fazem sucesso grelhados, assados, cozidos ou fritos

20 MINUTOS DE PREPARO
4 PORÇÕES

Filé de peixe com crosta de ervas

Ingredientes

- 2 filés de peixe de carne branca sem pele
- 1 col. (sopa) de sal
- 4 col. (sopa) de salsa picada
- 2 col. (sopa) de alecrim desidratado
- 2 col. (sopa) de orégano
- 2 col. (sopa) de sálvia desidratada
- 4 col. (sopa) de manteiga

Modo de preparo

Corte cada filé em quatro partes e tempere com o sal. Reserve.

Em uma tigela pequena, misture a salsa, o alecrim, o orégano e a sálvia. Cubra a parte de cima de cada filé reservado com a mistura de ervas e pressione bem. Aqueça a manteiga em fogo baixo e disponha os filés na frigideira com o lado coberto de ervas virado para baixo. Frite por aproximadamente 5 minutos, até formar uma crosta de ervas. Vire os filés e frite até dourar o outro lado. Escorra em papel-toalha e transfira para uma travessa. Sirva acompanhado de salada de folhas verdes com vinagrete de limão.

30 MINUTOS DE PREPARO
4 PORÇÕES

Tilápia com banana e purê de coentro

Ingredientes
- 4 filés de tilápia
- Sal a gosto
- Suco de 1 limão
- Azeite de oliva para grelhar
- 3 bananas-da-terra em rodelas

PURÊ
- 6 batatas
- 1 cubo de caldo de legumes
- ½ copo (americano) de leite
- ½ maço de coentro
- 1 col. (sopa) de manteiga
- Queijo parmesão ralado a gosto

Modo de preparo
Tempere os filés de tilápia com sal e limão. Frite-os em uma frigideira com um fio de azeite. Repita o mesmo procedimento com as rodelas de banana. Reserve.

PURÊ
Cozinhe as batatas com o caldo de legumes até amaciarem. Esprema e volte ao fogo em uma panela com o leite misturado com o coentro. Incorpore a manteiga e queijo parmesão e misture. Sirva o peixe acompanhado do purê e das bananas.

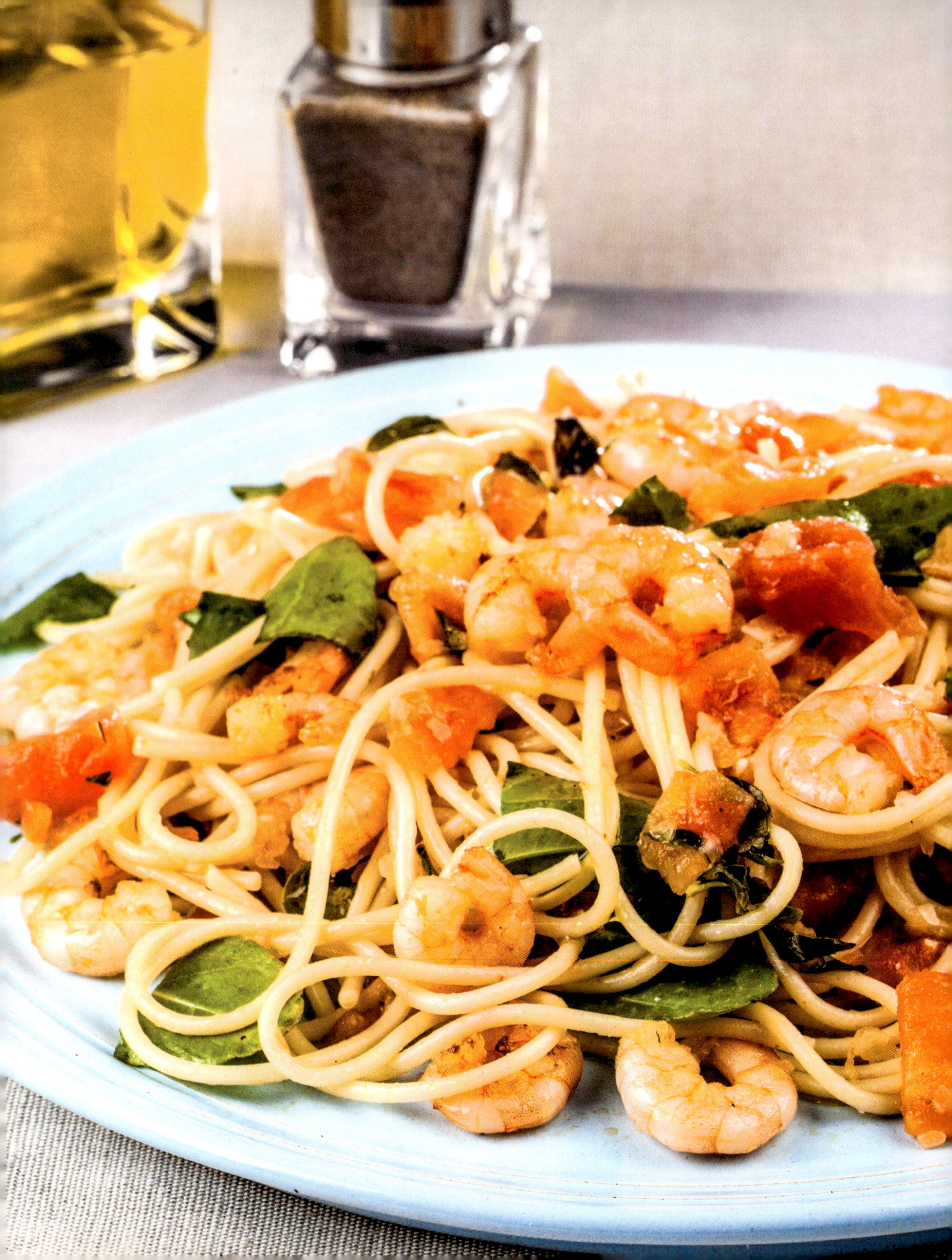

Massas

Curtas, longas ou recheadas, esbanjam sabor com iguarias do mar

Receitas Maravilhosas
Peixes e Frutos do Mar

Massas
Curtas, longas ou recheadas, esbanjam sabor com iguarias do mar

🕐 **40 MINUTOS DE PREPARO**
🍴 **6 PORÇÕES**

Penne com atum,
brócolis e tomate-cereja

Ingredientes
- 500 g de penne cozido al dente
- ¼ de xíc. (chá) de azeite
- 3 dentes de alho picados
- 1 maço de brócolis cortado em buquês
- 200 g de tomates-cereja cortados ao meio
- 2 latas de atum sólido em água
- ½ xíc. (chá) de azeitonas pretas pequenas
- Sal e pimenta-do-reino a gosto

Modo de preparo
Coloque o penne cozido em uma travessa e reserve.

Em uma panela, aqueça o azeite e doure o alho. Junte os brócolis aferventados e os tomates e refogue até que murchem. Adicione o atum escorrido e as azeitonas. Tempere a gosto com sal e pimenta-do-reino e desligue o fogo. Ainda bem quente, coloque o refogado sobre o macarrão e sirva em seguida.

🕐 30 MINUTOS DE PREPARO
🍴 3 PORÇÕES

Penne com bacalhau

Ingredientes

- ½ pacote de macarrão tipo penne
- 3 col. (sopa) de azeite
- 1 cebola em tiras
- 1 pimentão verde em tiras
- 1 pimentão vermelho em tiras
- 1 xíc. (chá) de berinjela em tiras
- 2 xíc. (chá) de bacalhau dessalgado, cozido e desfiado
- Sal e pimenta-do-reino a gosto

Modo de preparo

Em uma panela com água, sal e um fio de azeite, cozinhe o penne até ficar al dente. Escorra e reserve.

Em outra panela, aqueça o azeite e doure a cebola. Acrescente os pimentões, a berinjela e o bacalhau e refogue bem. Tempere com sal e pimenta, deixe pegar gosto por dois minutos e junte ao macarrão.

30 MINUTOS DE PREPARO
8 PORÇÕES

Parafuso com atum ao molho branco

Ingredientes

- 1 pacote de macarrão tipo parafuso
- 1 litro de água
- 2 col. (sopa) de azeite de oliva
- ½ cebola ralada
- ½ xíc. (chá) de salsão picado
- 2 latas de atum sólido
- 10 azeitonas pretas picadas
- Cebolinha picada a gosto
- Sal a gosto

MOLHO BRANCO

- 1 cebola bem picada ou ralada
- 1 col. (sopa) de manteiga
- 1 caixa de creme de leite
- Sal e noz-moscada ralada, a gosto
- ½ litro de leite
- 1 col. (sopa) de amido de milho

Modo de preparo

Cozinhe o macarrão na água até ficar al dente. Escorra e reserve.

Coloque o azeite em uma panela e refogue a cebola e o salsão rapidamente. Junte o atum e as azeitonas e misture à massa. Reserve.

MOLHO BRANCO

Em uma panela, doure a cebola na manteiga. Acrescente o creme de leite, o sal e a noz-moscada e misture bem. Dissolva o amido de milho no leite frio e junte ao creme na panela. Deixe em fogo baixo até adquirir consistência firme, mexendo.

Despeje o molho sobre o macarrão e sirva salpicando cebolinha para decorar.

Receitas Maravilhosas
Peixes e Frutos do Mar

🕐 35 MINUTOS DE PREPARO
🍴 2 PORÇÕES

Espaguete com **camarão**

Ingredientes

- 150 g de camarão limpo
- 1 col. (chá) de sal
- ¼ de col. (chá) de pimenta-do-reino
- 3 col. (sopa) de azeite de oliva
- ¼ de col. (chá) de pimenta-dedo-de-moça
- 100 g de molho ao sugo pronto
- 150 g de macarrão espaguete cozido al dente
- 10 g de folhas de rúcula rasgadas grosseiramente

MOLHO CONCASSÊ

- 3 kg de tomate maduro
- ¼ de xíc. (chá) de manteiga
- 150 g de cebola picadinha
- 10 g de alho picadinho
- ¾ de xíc. (chá) de azeite de oliva
- 50 g de folhas de manjericão
- 2 col. (sopa) de açúcar
- 1 col. (sopa) de sal
- ½ col. (chá) de pimenta-do-reino preta

Modo de preparo

Tempere os camarões com o sal e a pimenta-do-reino. Em uma frigideira, aqueça o azeite, refogue rapidamente a pimenta-dedo-de-moça e salteie os camarões. Reserve.

MOLHO CONCASSÊ

Corte os tomates sem sementes em quatro partes, depois ao meio e, novamente, cada parte em quatro pedaços. Aqueça a manteiga e refogue a cebola e o alho até murcharem. Reserve.

Em uma panela grande, aqueça o azeite em fogo alto, coloque metade das folhas de manjericão e os tomates picados. Refogue por um minuto, mexendo, sem deixar o tomate desmanchar. Acrescente o refogado de cebola e alho, mexa cuidadosamente e tempere com o açúcar, o sal, a pimenta e o restante do manjericão.

MONTAGEM

Elimine o excesso de líquido do molho concassê, adicione o molho ao sugo pronto e o macarrão cozido al dente. Transfira para um prato, acrescente metade da rúcula e misture delicadamente. Polvilhe o restante da rúcula e sirva em seguida.

Massas

Curtas, longas ou recheadas, esbanjam sabor com iguarias do mar

40 MINUTOS DE PREPARO
4 PORÇÕES

Penne na moranga com camarão

Ingredientes

- 1 abóbora-moranga
- Sal e noz-moscada a gosto
- 150 ml de água
- 400 g de macarrão penne integral
- 1 col. (sopa) de óleo de soja
- 2 dentes de alho
- 1 cebola
- 200 g de camarão limpo
- 2 col. (sopa) de molho de tomate
- 4 col. (sopa) de requeijão

Modo de preparo

Corte a tampa da moranga e retire as sementes. Embrulhe com papel-alumínio e leve a moranga ao forno preaquecido a 180 °C até que fique macia. Retire a polpa da moranga, deixando uma borda de 1 centímetro.

Coloque a polpa em uma tigela, adicione o sal e a noz-moscada e amasse com um garfo até ficar cremosa. Acrescente a água e misture bem. Reserve.

Cozinhe o macarrão al dente e reserve.

Em uma frigideira, coloque o óleo e frite levemente o alho amassado e a cebola picada. Junte os camarões. Quando eles estiverem rosados, adicione a polpa da moranga, o molho de tomate e o requeijão. Mexa delicadamente. Transfira o penne com o molho para dentro da moranga. Sirva em seguida.

45 MINUTOS DE PREPARO
10 PORÇÕES

Espaguete com frutos do mar

Ingredientes

- 500 g de macarrão espaguete
- 100 g de peixe badejo cozido
- 100 g de peixe salmão cru
- Sal a gosto
- 1 col. (sopa) de azeite de oliva
- 3 dentes de alho
- 1 cebola
- 4 tomates
- 300 g de lula
- 200 ml de vinho branco
- Salsinha e pimenta-preta a gosto
- 1 folha de louro
- 300 g de camarão cru
- 200 g de mexilhão

Modo de preparo

Cozinhe o macarrão al dente e reserve.

Corte os peixes em filés pequenos e tempere com sal a gosto. Em uma panela, aqueça o azeite e refogue o alho amassado e a cebola picada. Em seguida, acrescente os peixes e refogue por mais 3 minutos. Retire o peixe e reserve.

Na mesma panela, adicione sal e os tomates picados, sem as sementes. Quando começar a soltar água, insira as lulas fatiadas e o vinho branco. Misture bem e acrescente a salsinha picada, a pimenta e o louro. Tampe a panela e cozinhe por 15 minutos. Adicione o camarão e deixe cozinhar. Em seguida, coloque o macarrão cozido. Misture bem. Acrescente o peixe reservado e os mexilhões. Tampe e deixe cozinhar por mais 3 minutos. Sirva logo em seguida.

⏱ 40 MINUTOS DE PREPARO
🍴 5 PORÇÕES

Conchiglione de camarão

Ingredientes

- 500 g de conchiglione pré-cozido al dente
- Alho, cebola, folhas de louro e sal a gosto
- 1 fio de azeite extravirgem
- 4 tomates grandes
- 1 col. (café) de azeite de dendê
- 3 col. (sopa) de leite de coco
- 2 col. (sopa) de amido de milho
- 300 g de camarão limpo

Modo de preparo

Refogue a cebola e o alho no azeite e adicione o tomate picado sem sementes. Deixe cozinhar por 20 minutos. Acrescente o azeite de dendê, o leite de coco e o amido de milho. Mexa bem até dissolver tudo. Adicione o camarão. Deixe apurar.

Recheie o conchiglione com essa mistura de camarão e sirva. Se desejar, salpique parmesão.

1 HORA
DE PREPARO
6 PORÇÕES

Macarrão maravilha

Ingredientes

- 500 g de macarrão tipo talharim
- 1 dente de alho picado
- 2 col. (sopa) + ½ xíc. (chá) de azeite de oliva
- 300 g de bacalhau dessalgado, cozido e desfiado
- 80 g de tomate-seco (opcional)
- 50 g de azeitonas verdes
- 50 g de azeitonas pretas
- ½ xíc. (chá) de folhas de manjericão
- 2 col. (sopa) de farinha de trigo
- 4 xíc. (chá) de leite quente
- ½ xíc. (chá) de requeijão
- 2 col. (chá) de sal
- 100 g de queijo parmesão ralado

Modo de preparo

Cozinhe a massa conforme instruções da embalagem. Em uma panela, em fogo médio, doure o alho em 2 colheres de azeite, junte o bacalhau e refogue rapidamente. Acrescente o tomate-seco, as azeitonas e o manjericão (separe algumas folhas para decoração no final) e reserve.

Em uma panela, em fogo médio, doure a farinha e junte ½ xícara de azeite. Acrescente o leite quente, aos poucos, mexendo sempre até encorpar. Por último, adicione o requeijão e o sal.

Junte massa, molho e refogado de bacalhau. Polvilhe o parmesão e leve ao forno para gratinar. Sirva em seguida.

Receitas Maravilhosas
Peixes e Frutos do Mar

🕐 **30 MINUTOS DE PREPARO**
🍴 **4 PORÇÕES**

Talharim com lulas

Ingredientes

- 1 col. (sopa) de azeite de oliva
- ½ cebola pequena
- 300 g de anéis de lula limpos
- 1 col. (chá) de sal
- 1 col. (chá) de açafrão
- 4 col. (sopa) de vinho branco seco
- 2 col. (sopa) de amido de milho
- 1 e ½ xíc. (chá) de leite
- 2 col. (sopa) de cebolinha picada
- 250 g de macarrão tipo talharim

Modo de preparo

Em uma panela média, aqueça o azeite em fogo médio e refogue a cebola picada. Junte os anéis de lula, o sal e o açafrão e mantenha mais 2 minutos no fogo. Adicione o vinho e cozinhe por mais 4 minutos.

À parte, dissolva o amido de milho no leite e junte ao refogado, mexendo sempre, até encorpar. Coloque a cebolinha e misture devagar. Reserve.

Cozinhe o macarrão conforme as instruções da embalagem. Escorra e transfira para uma travessa. Aqueça o molho e espalhe sobre o talharim.

Massas
Curtas, longas ou recheadas, esbanjam sabor com iguarias do mar

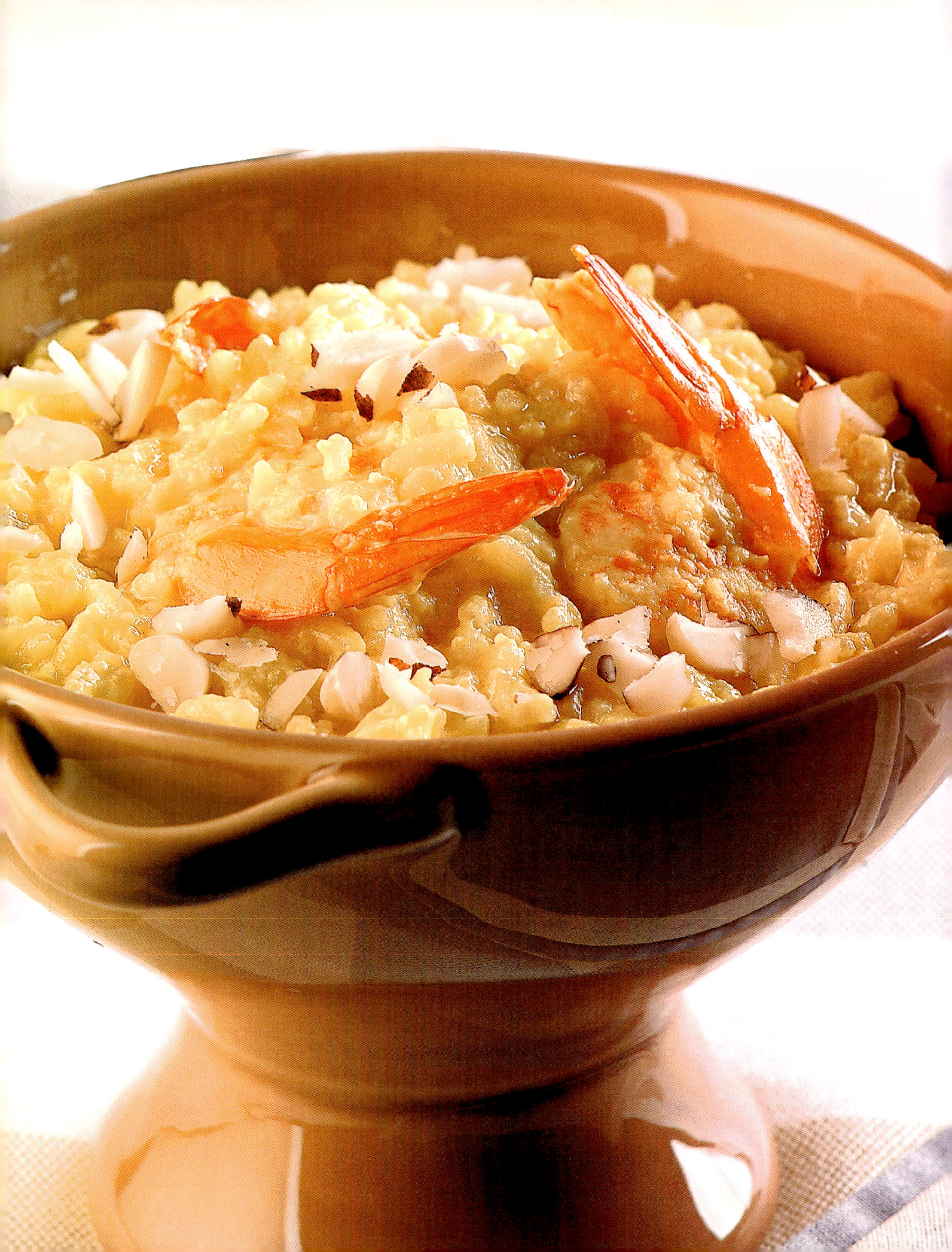

Risotos

Cremosidade e o rico sabor de camarão, salmão e outras delícias

Receitas Maravilhosas
Peixes e Frutos do Mar

Risotos
Cremosidade e o rico sabor de camarão, salmão e outras delícias

🕒 **45 MINUTOS DE PREPARO**
🍴 **4 PORÇÕES**

Risoto
de camarão

Ingredientes
- 3 xíc. (chá) de camarões médios sem casca
- 4 xíc. (chá) de água
- 2 col. (sopa) de azeite
- ½ cebola picada
- 2 xíc. (chá) de arroz arbóreo
- ½ xíc. (chá) de vinho branco
- 2 col. (sopa) de manteiga
- 2 col. (sopa) de parmesão ralado

Modo de preparo

Afervente os camarões durante 3 minutos em 4 xícaras de água. Separe os camarões do caldo e reserve ambos.

Em uma panela, coloque o azeite e refogue a cebola até ficar transparente. Acrescente o arroz e refogue. Junte o vinho e refogue mais um pouco para que evapore. Coloque metade do caldo de camarão reservado e cozinhe até quase secar o caldo. Quando estiver quase seco, acrescente o caldo de camarão restante. Mexa algumas vezes para evitar que grude no fundo da panela.

Quando estiver quase seco pela segunda vez, retire a panela do fogo, junte os camarões reservados, a manteiga e o queijo ralado. Mexa bem para incorporar e volte ao fogo baixo para terminar de secar.

30 MINUTOS DE PREPARO
1 PORÇÃO

Risoto de sardinha e espinafre

Ingredientes

- ½ tablete de caldo de galinha
- 1 e ½ xíc. (chá) de água fervente
- ½ col. (sopa) de margarina
- ½ cebola picada
- ½ xíc. (chá) de arroz integral
- ¼ de xíc. (chá) de espinafre refogado
- ½ lata de sardinha
- ½ ovo cozido e picado
- Sal a gosto
- 1 col. (sopa) de queijo parmesão ralado

Modo de preparo

Dissolva o caldo de galinha na água fervente e reserve aquecido.

Em uma panela média, aqueça a margarina e doure a cebola. Acrescente o arroz e refogue demoradamente. Aos poucos, acrescente o caldo de galinha fervente, mexendo após cada adição (à medida que o caldo for secando acrescente mais e mexa novamente). Quando o arroz estiver quase cozido, junte o espinafre e a sardinha. Misture bem.

Adicione o ovo cozido, misture delicadamente, acerte o sal se necessário, e desligue o fogo.

Sirva salpicado com o queijo ralado.

⏱ 45 MINUTOS DE PREPARO
🍴 3 PORÇÕES

Risoto de camarão e cereais

Ingredientes

- 1 col. (sobremesa) de cebola picada
- 1 col. (sopa) de manteiga
- 1 dente de alho amassado
- 1 cenoura em cubinhos
- 5 vagens picadas
- 1 talo de alho-poró em rodelas
- 1 xíc. (chá) de arroz comum ou arbóreo
- 200 ml de vinho branco seco
- 3 xíc. (chá) de água
- Sal a gosto
- 200 g de camarão sem casca
- 100 g de queijo provolone ralado
- Salsinha a gosto para decorar

Modo de preparo

Em uma panela, doure a cebola na manteiga. Adicione o alho e refogue mais um pouco. Junte o arroz e mexa bem.

Acrescente os legumes picados, o vinho e mexa até secar, mas não completamente. Junte 2 xícaras (chá) de água e sal a gosto, mexa e deixe cozinhar em fogo médio, mexendo de vez em quando.

Quando o líquido estiver quase secando, junte mais 1 xícara de água e o camarão. Quando tudo estiver cozido al dente, junte o queijo provolone ralado. Mexa, desligue o fogo e deixe descansar por 5 minutos antes de servir.

Se desejar, decore com salsinha a gosto.

Receitas Maravilhosas
Peixes e Frutos do Mar

Risotos
Cremosidade e o rico sabor de camarão, salmão e outras delícias

🕐 **1 HORA DE PREPARO**
🍴 **4 PORÇÕES**

Risoto de salmão

Ingredientes

- 1 folha de louro
- Sal
- 5 grãos de pimenta-do-reino
- Casca de ½ limão
- 1 punhado de salsa
- 400 g de filé de salmão
- 1 cebola média picada
- 75 g de manteiga
- 300 g de arroz arbóreo
- 1 copo de vinho branco seco

DECORAÇÃO

- 2 col. (sopa) de salsa picada fina
- Casca de 1 limão pequeno ralada
- 4 fatias de salmão defumado cortado em tirinhas

Modo de preparo

Junte numa panela a folha de louro, sal, pimenta, casca de limão e salsa. Cubra com água, ferva por 20 minutos e adicione o salmão. Deixe 10 minutos, tampe a panela e retire do fogo. Deixe o salmão repousar até ficar cozido na água aromatizada. Retire a pele do peixe e corte-o em pedaços. Reserve.

Leve a água com os temperos ao fogo brando. Em outra panela, frite a cebola com metade da manteiga e um fio de óleo. Adicione o arroz e mexa bem. Coloque o vinho e deixe evaporar. Em seguida, junte o caldo de salmão quente.

Cinco minutos antes de o arroz ficar cozido, junte o peixe cozido. Quando o arroz ficar macio, desligue o fogo e misture o restante da manteiga. Transfira o risoto para os pratos e decore com salsa picada, raspas de limão e tirinhas de salmão defumado.

⏱ 40 MINUTOS DE PREPARO
🍴 2 PORÇÕES

Arroz cremoso com camarão e curry

Ingredientes

- 3 col. (sopa) de azeite
- 1 cebola pequena picada
- 2 dentes de alho amassados
- 300 g de camarões limpos
- ½ xíc. (chá) de arroz
- ½ col. (chá) de curry
- 1 col. (chá) de sal
- 1 e ½ xíc. (chá) de leite
- 3 col. (sopa) de castanha-do-pará picada

Modo de preparo

Em uma panela, aqueça 1 col. (sopa) de azeite em fogo médio. Junte a cebola e o alho Adicione o camarão e refogue por 3 minutos ou até dourar levemente. Coloque o arroz, o curry e o sal e mexa por 3 minutos. Acrescente o leite. Tampe a panela, abaixe o fogo e cozinhe por 25 minutos ou até o líquido secar. Junte o azeite restante e as castanhas picadas.

Misture delicadamente até ficar cremoso e homogêneo. Sirva em seguida.

⏲ 25 MINUTOS DE PREPARO
🍴 8 PORÇÕES

Risoto de quinoa com lula e açafrão

Ingredientes

- 1 col. (sobremesa) de azeite de oliva
- 4 dentes de alho amassados
- 3 tomates em cubos
- 2 cebolas picadas
- Sal, pimenta e coentro a gosto
- 1 kg de lula em anéis
- 1 xíc. (chá) de quinoa cozida
- 1 col. (sobremesa) de açafrão

Modo de preparo

Em uma panela, coloque uma colher (sobremesa) de azeite e doure o alho. Adicione os tomates e a cebola e deixe refogar. Em seguida, acrescente o sal, a pimenta, o coentro e a lula. Mexa por 3 minutos. Adicione a quinoa cozida e o açafrão. Misture bem e sirva.

⏱ 30 MINUTOS DE PREPARO
🍴 4 PORÇÕES

Risoto de salmão com alho negro

Ingredientes

- 1 col. (sopa) de azeite de oliva
- 400 g de salmão em cubos pequenos
- Sal a gosto
- 2 col. (sopa) de manteiga gelada
- ½ cebola picada
- 1 cabeça de alho negro
- 350 g de arroz carnaroli ou arbóreo sem lavar
- ½ xíc. (chá) de vinho branco seco
- 1 litro de caldo de legumes
- Suco e raspas de ½ limão-siciliano
- 80 g de queijo parmesão ralado
- Salsa picada a gosto para decorar

Modo de preparo

Em uma frigideira, aqueça um pouco do azeite e sele o salmão em cubos, rapidamente, com um pouco de sal e reserve.

Na panela, aqueça o azeite restante com um pouco de manteiga e refogue a cebola e metade do alho alho negro picado.

Acrescente o arroz e refogue-o um pouco. Coloque o vinho e mexa devagar. Assim que secar, comece a colocar o caldo de legumes aquecido, aos poucos, e deixe cozinhar no fogo médio, mexendo sempre. Quando o caldo começar a secar, repita o processo. No momento em que o arroz estiver quase cozido cozido, junte o suco e as raspas do limão e, em seguida, o salmão e misture. Para finalizar, verifique o sal, acrescente o queijo parmesão, a manteiga gelada restante e misture.

Ao servir o risoto, adicione o restante do alho negro cortado ao meio e decore com salsa picada.

🕐 1 HORA DE PREPARO
🍴 2 PORÇÕES

Risoto de vôngole

Ingredientes

- 2 xíc. (chá) de vôngoles sem casca
- 2 col. (sopa) de azeite
- ½ cebola picada
- 1 xíc. (chá) de arroz arbóreo
- ½ xíc. (chá) de vinho branco
- 4 xíc. (chá) de caldo de peixe
- 2 col. (sopa) de manteiga
- 2 col. (sopa) de parmesão ralado

Modo de preparo

Afervente os vôngoles durante um minuto. Escorra a água e reserve.

Em uma panela, coloque o azeite e refogue a cebola até ficar transparente. Acrescente o arroz e refogue. Junte o vinho e mexa até que ele evapore. Coloque metade do caldo de peixe e cozinhe. Quando estiver quase seco, acrescente o caldo de peixe restante. Mexa algumas vezes para evitar que grude no fundo da panela. Quando estiver quase seco pela segunda vez, retire a panela do fogo, junte os vôngoles, a manteiga e o queijo ralado. Mexa bem para incorporar e volte ao fogo baixo para terminar de secar.

Receitas Maravilhosas
Peixes e Frutos do Mar

Risotos
Cremosidade e o rico sabor de camarão, salmão e outras delícias

🕐 **45 MINUTOS DE PREPARO**
🍴 **8 PORÇÕES**

Arroz de forno com bacalhau e batata-doce

Ingredientes

- Azeite para refogar
- 2 cebolas grandes cortadas em tiras
- 2 dentes de alho picados
- 1 kg de bacalhau dessalgado desfiado
- 15 azeitonas pretas inteiras sem caroço
- 1 pimenta-dedo-de-moça picada bem fininho
- 1 gengibre picado
- 500 g de arroz cozido
- 300 g de batata-doce ralada crua
- 2 ovos batidos
- Manjericão, salsa e sal a gosto

Modo de preparo

Em uma panela, em fogo médio, coloque azeite e refogue a cebola e o alho. Acrescente o bacalhau, as azeitonas, a pimenta e o gengibre. Acerte o sal e reserve.

Misture o arroz cozido com a batata-doce e divida em duas partes. Forre o fundo de um recipiente refratário com metade da mistura do arroz e coloque uma parte da mistura do bacalhau por cima. Repita o processo. Adicione os ovos batidos para finalizar.

Leve ao forno médio preaquecido (180 °C) para gratinar por cerca de 20 minutos.

Receitas Maravilhosas
Peixes e Frutos do Mar

🕒 **30 MINUTOS DE PREPARO**
🍴 **4 PORÇÕES**

Arroz com sardinha e ovo

Ingredientes

- 1 col. (sopa) de óleo
- 1 cebola picada
- 1 e ½ xíc. (chá) de arroz
- 3 xíc. (chá) de água fervente
- Sal a gosto
- 1 col. (sopa) de cheiro-verde picado
- 2 ovos ligeiramente batidos
- 1 lata de sardinha em óleo

Modo de preparo

Em uma panela, junte o óleo e a cebola. Refogue até murchar, mexendo de vez em quando.

Adicione o arroz e refogue mais um pouco, sem pressa. Coloque a água fervente e o sal e misture bem. Tampe a panela e cozinhe a mistura em fogo baixo por 15 minutos ou até o arroz secar e ficar cozido.

Junte o cheiro-verde, os ovos e a sardinha com seu óleo. Cozinhe mexendo de vez em quando. Sirva em seguida.

Risotos
Cremosidade e o rico sabor de camarão, salmão e outras delícias

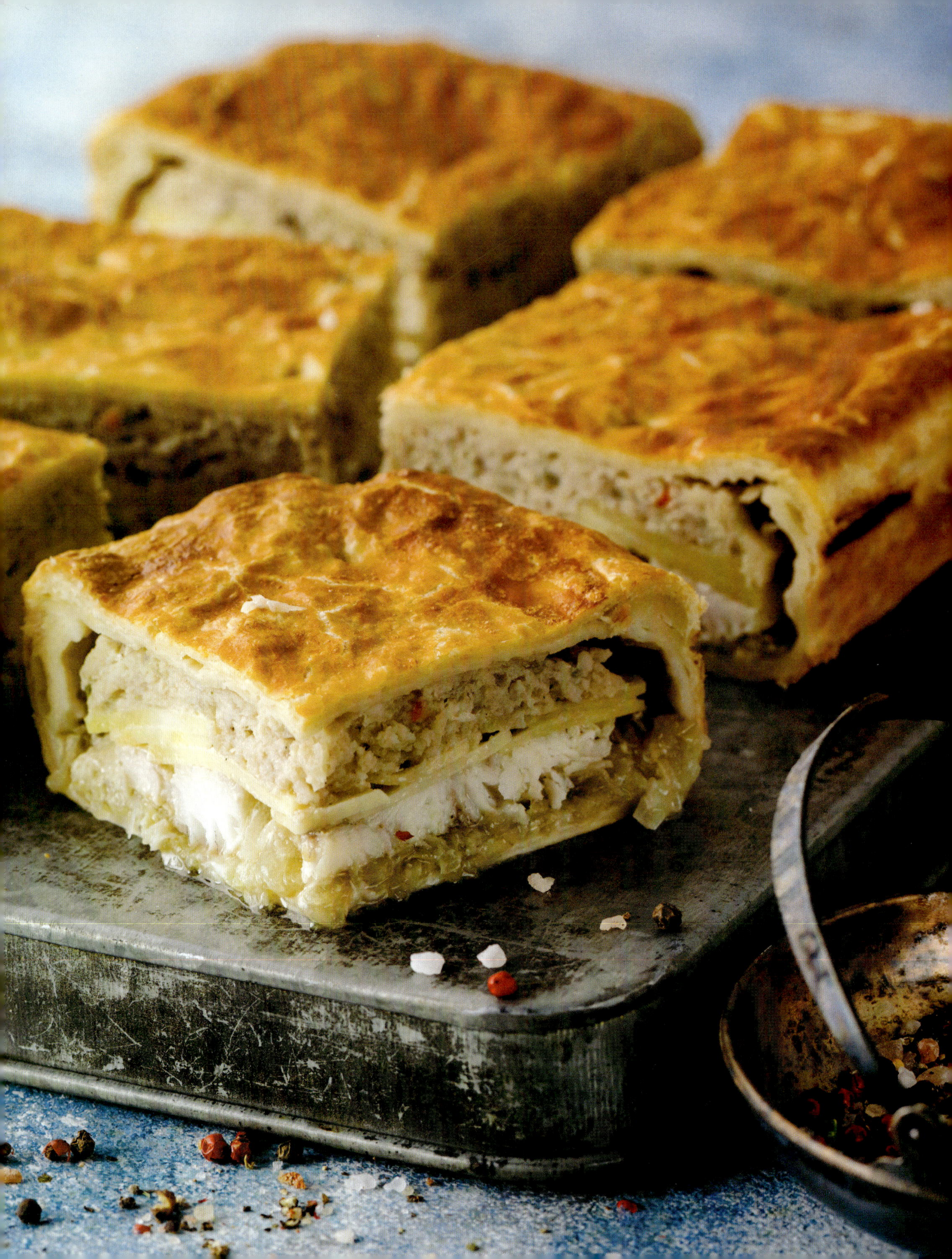

Tortas & Cia.
Receitas saborosas e caprichadas fazem a festa a qualquer hora

Receitas Maravilhosas
Peixes e Frutos do Mar

⏱ **45 MINUTOS DE PREPARO**
🍴 **8 PORÇÕES**

Quiche de brócolis com kanikama

Ingredientes

MASSA BÁSICA
- 2 xíc. (chá) de farinha de trigo
- 1 ovo
- ½ lata de creme de leite
- 2 col. (sopa) de margarina

RECHEIO
- 300 g de brócolis
- 3 unidades de kanikama desfiado
- 1 col. (sopa) de manteiga
- 1 col. (sopa) de cebola ralada
- 1 col. (sopa) de salsa picada
- 2 ovos batidos
- 1 xíc. (chá) de queijo cottage
- 1 col. (sopa) de amido de milho
- 3 col. (sopa) de creme de leite
- 1 col. (chá) de sal

Modo de preparo

MASSA BÁSICA

Em um recipiente, coloque a farinha (reserve um pouco), o ovo levemente batido, o creme de leite e a margarina. Misture com o auxílio de uma colher. Em seguida, mexa com as mãos (neste momento, se necessário, adicione a farinha reservada). Sove sobre superfície lisa.

Distribua a massa em uma assadeira redonda (nº 25) de fundo falso (não precisa untar). Fure a massa com um garfo. Leve ao forno preaquecido em 200 °C por aproximadamente 10 minutos.

RECHEIO

Cozinhe os brócolis al dente, escorra a água e pique. Misture com os demais ingredientes. Disponha o recheio sobre a massa e leve ao forno preaquecido (250 °C) por 35 minutos.

Tortas & cia.
Receitas saborosas e caprichadas fazem a festa a qualquer hora

Receitas Maravilhosas
Peixes e Frutos do Mar

Tortas & cia.
Receitas saborosas e caprichadas fazem a festa a qualquer hora

⏱ 1 HORA DE PREPARO
🍴 12 PORÇÕES

Trança de atum e champignon

Ingredientes

MASSA
- 2 ovos
- 2 col. (sopa) de fermento biológico
- 1 col. (sopa) de açúcar
- ½ col. (sobremesa) de sal
- ½ copo de leite
- 3 col. (sopa) de óleo de canola
- 3 xíc. (chá) de farinha de trigo
- 1 gema para pincelar

RECHEIO
- 2 latas de atum em água
- 1 e ½ xíc. (chá) de champignon em lâminas
- 1 cebola em tiras
- 2 tomates sem pele picados
- 1 xíc. (chá) de cheiro-verde picado
- 2 col. (sopa) de azeite
- Sal, pimenta e orégano a gosto

Modo de preparo

RECHEIO
Misture bem todos os ingredientes e reserve.

MASSA
Em uma tigela grande, misture bem todos os ingredientes da massa, exceto a farinha. Junte o trigo aos poucos até que a massa solte do recipiente. Enfarinhe uma superfície e sove até obter uma massa lisa. Separe a massa em três porções iguais. Estique cada uma delas com o rolo no formato retangular até obter 1 cm de espessura. Espalhe o recheio sobre cada retângulo e feche bem (formando um rolo recheado). Junte a ponta dos três rolos e molde a trança.

Pincele com gema, coloque em fôrma antiaderente e deixe crescer até dobrar de volume.

Asse em forno preaquecido (180 °C), por 35 minutos, aproximadamente.

Receitas Maravilhosas
Peixes e Frutos do Mar

🕐 1 HORA DE PREPARO
🍴 10 PORÇÕES

Bolo salgado **de atum**

Ingredientes

BASE
- 1 pacote de pão de fôrma sem casca
- 250 g de cream cheese

RECHEIO
- 1 xíc. (café) de azeite de oliva
- 1 cebola picada
- 2 tomates maduros sem pele e sem sementes picados
- 3 latas de atum sem óleo amassados
- ½ lata de ervilhas
- ½ lata de milho verde
- 50 g de azeitonas picadas sem caroço
- Orégano a gosto
- ½ xícara (chá) de salsa e cebolinha
- Sal a gosto
- 1 caixa de creme de leite
- 1 col. (sopa) de ketchup

COBERTURA
- Cream cheese a gosto
- 1 cenoura ralada
- Salsa picada a gosto

Modo de preparo

RECHEIO
Doure no azeite a cebola e, em seguida, o tomate picado até murchar. Coloque o atum, a ervilha, o milho, a azeitona, o orégano, a salsa, a cebolinha e sal a gosto. Desligue e junte o creme de leite e o ketchup. Mexa bem.

MONTAGEM
Em uma fôrma de bolo inglês forrada com papel-alumínio ou plástico-filme acomode fatias de pão no fundo.

Espalhe uma camada de cream cheese, outra de recheio de atum e assim sucessivamente até terminarem os ingredientes. Finalize com uma camada de pão. Deixe na geladeira por 30 minutos e desenforme.

COBERTURA
Espalhe o cream cheese, decore com a cenoura ralada e a salsa picada. Sirva em seguida.

Tortas & cia.
Receitas saborosas e caprichadas fazem a festa a qualquer hora

Receitas Maravilhosas
Peixes e Frutos do Mar

🕐 **1 HORA E 30 MINUTOS DE PREPARO**
🍴 **10 PORÇÕES**

Empadão de atum

Ingredientes

MASSA
- 2 xíc. (chá) de leite
- ½ xíc. (chá) de óleo
- 3 ovos
- 1 xíc. (chá) de amido de milho
- 1 e ½ xíc. (chá) de farinha de trigo
- 1 col. (sopa) de fermento em pó
- 1 col. (chá) de sal
- Manteiga e farinha de trigo para untar

RECHEIO
- 2 latas de atum
- ½ cebola
- 1 tomate
- ½ xíc. (chá) de azeitonas verdes
- 2 col. (sopa) de salsa
- Sal e pimenta-do-reino a gosto

Modo de preparo

MASSA

Coloque todos os ingredientes no liquidificador. Bata por um minuto em velocidade alta ou até que a massa fique uniforme. Reserve.

RECHEIO E MONTAGEM

Preaqueça o forno em temperatura média. Pique todos os ingredientes e junte com o atum escorrido. Tempere com sal, pimenta-do-reino e misture bem.

Unte uma fôrma redonda, de fundo falso, com manteiga e farinha de trigo. Despeje metade da massa reservada na fôrma. Distribua todo o recheio sobre a massa. Cubra o recheio com a massa restante e leve ao forno preaquecido. Deixe assar por uma hora ou até que a superfície fique dourada. Retire do forno e sirva em seguida.

Tortas & cia.
Receitas saborosas e caprichadas fazem a festa a qualquer hora

Receitas Maravilhosas
Peixes e Frutos do Mar

Tortas & cia.
Receitas saborosas e caprichadas fazem a festa a qualquer hora

🕐 1 HORA E 20 MINUTOS DE PREPARO
🍴 10 PORÇÕES

Bolo salgado de camarão

Ingredientes

RECHEIO
- 2 dentes de alho amassados
- 1 cebola média picadinha
- 1 col. (sopa) de azeite
- 3 tomates médios picados sem sementes
- 300 g de camarão médio temperado e cozido
- Salsinha e orégano a gosto
- Sal e pimenta a gosto
- 100 g de requeijão

MASSA
- 4 col. (sopa) de margarina
- 4 gemas
- ½ xíc. (chá) de leite
- 2 xíc. (chá) de farinha de trigo
- 1 col. (sopa) de fermento em pó
- 1 pitada de sal
- 4 claras em neve

Modo de preparo

RECHEIO
Refogue o alho e a cebola no azeite. Misture os tomates, o camarão, a salsa, o orégano, o sal e a pimenta e refogue mais uns minutos. Desligue o fogo e deixe descansar por 10 minutos. Passe por peneira para retirar o líquido formado. Reserve.

MASSA
Bata a margarina com as gemas. Adicione o leite, intercalando com os ingredientes secos. Acrescente as claras em neve e misture.

Despeje a massa em fôrma untada e polvilhada. Junte o refogado e cubra com o requeijão. Asse em forno preaquecido por 30 minutos ou até dourar. Corte em quadrados.

⏱ 25 MINUTOS DE PREPARO
🍴 10 PORÇÕES

Crepe com salmão e cream cheese

Ingredientes

MASSA
- 2 ovos
- 2 xíc. (chá) de farinha de trigo
- 2 xíc. (chá) de leite
- 1 col. (sopa) de óleo de soja
- 1 col. (chá) de sal
- 1 col. (café) de fermento em pó
- ½ maço de rúcula

RECHEIO
- ½ pote de cream cheese
- ½ maço de cebolinha
- 200 g de salmão defumado

Modo de preparo

MASSA

Bata todos os ingredientes no liquidificador até ficar com a textura de um molho encorpado.

Em uma frigideira untada, despeje uma concha cheia da massa e asse. Quando as bordas soltarem, vire para dourar do outro lado. Retire da frigideira e reserve.

RECHEIO E MONTAGEM

Misture o cream cheese com a cebolinha e espalhe no centro de cada crepe. Disponha o salmão picado sobre o creme e feche a massa.

⏱ 50 MINUTOS DE PREPARO
🍴 10 PORÇÕES

Torta de iogurte com sardinha

Ingredientes

- 2 ovos
- 125 g de iogurte natural
- 50 ml de azeite de oliva
- 1 xíc. (chá) de leite
- 13 col. (sopa) de farinha de trigo
- 1 pires grande de queijo parmesão ralado
- 1 col. (sobremesa) de fermento em pó
- Sal a gosto
- 2 latas de sardinha em óleo

Modo de preparo

Coloque todos os ingredientes no copo do liquidificador, exceto a sardinha, e bata. Caso a massa fique muito mole, acrescente um pouco mais de farinha de trigo para dar consistência.

Em uma fôrma untada, despeje ⅓ da massa para cobrir o fundo. Espalhe a sardinha em pedaços e cubra com todo o restante da massa.

Leve ao forno preaquecido em temperatura média por cerca de 30 minutos ou até dourar. Espere esfriar e desenforme com cuidado.

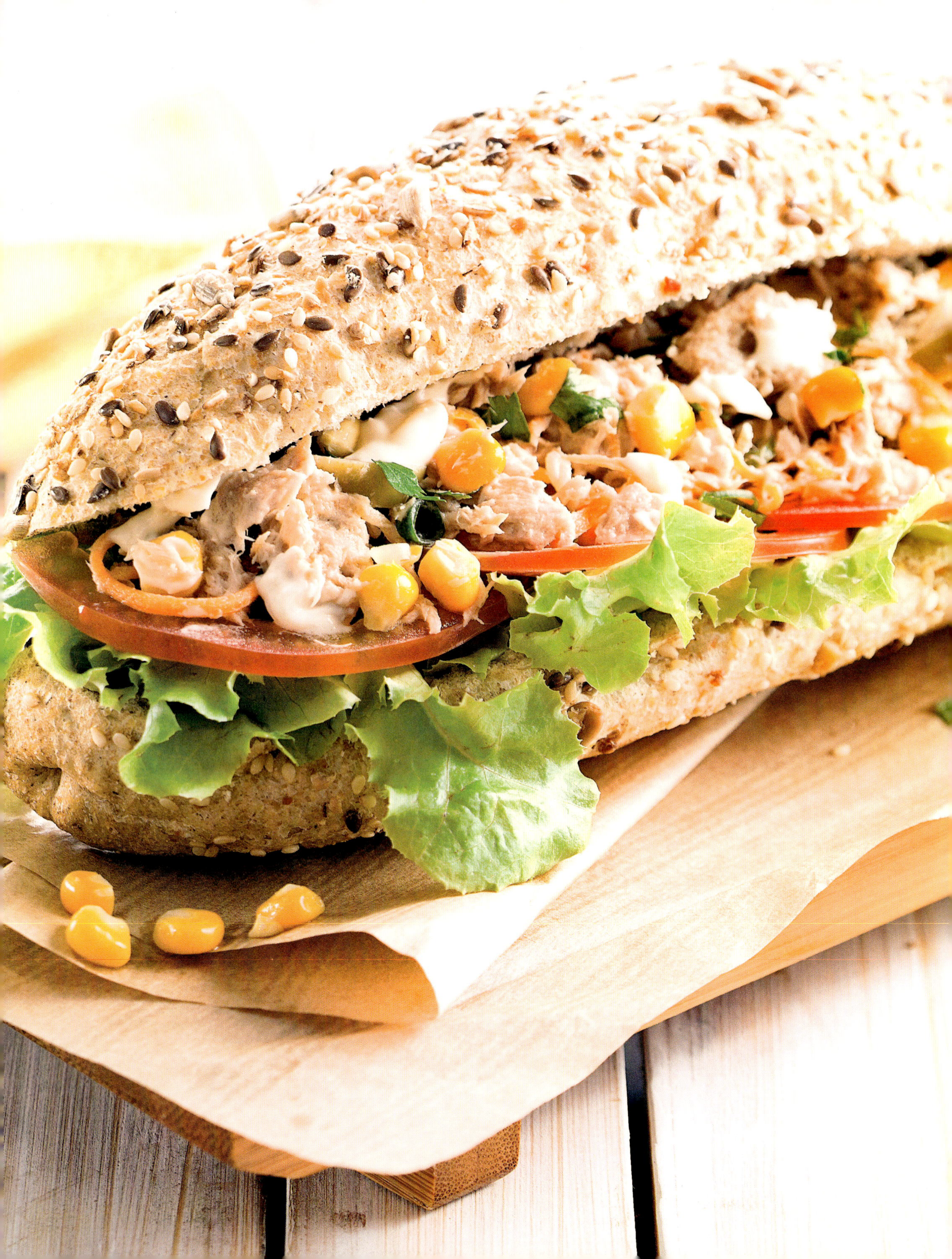

Lanches
Ideias leves e saborosas para uma refeição rápida e de qualidade

Receitas Maravilhosas
Peixes e Frutos do Mar

🕐 25 MINUTOS DE PREPARO
🍴 4 PORÇÕES

Wrap de alface com atum

Ingredientes

- 1 lata de atum em água
- 2 col. (sopa) de maionese
- Sal e pimenta-do-reino a gosto
- 4 folhas grandes de alface-lisa
- 4 col. (sopa) de repolho roxo ralado
- 8 tomates-cereja
- 4 pedaços pequenos de pimentão vermelho
- 4 fatias pequenas de queijo minas frescal
- 4 fatias em forma de lua de avocado
- Ervas frescas a gosto

MOLHO

- 4 col. (sopa) de azeite de oliva
- 1 col. (sopa) de aceto balsâmico
- 1 col. (café) de mostarda
- Sal e pimenta-do-reino a gosto

Modo de preparo

Elimine o líquido do atum. Misture o atum com a maionese e adicione sal e pimenta-do-reino. Abra as folhas de alface e espalhe sobre cada uma delas uma colher de repolho roxo, dois tomates, um pedaço de pimentão, uma fatia de queijo, parte do atum e uma fatia de avocado. Salpique as ervas e enrole.

Misture os ingredientes do molho e e sirva com os wraps.

Lanches
Ideias leves e saborosas para uma refeição rápida e de qualidade

⏱ 10 MINUTOS DE PREPARO
🍴 1 PORÇÃO

Sanduíche de atum com abacate

Ingredientes
- ½ abacate maduro
- 1 col. (chá) de suco de limão
- ½ lata de atum
- ½ cebola picadinha
- Um fio de azeite de oliva
- Sal, pimenta-do-reino, páprica picante e salsinha a gosto
- ½ tomate em rodelas
- 2 fatias de pão de sua preferência

Modo de preparo
Em uma tigela, amasse o abacate com o auxílio de um garfo. Adicione o limão e misture bem. Reserve.

À parte, junte atum, cebola, azeite e temperos.

Espalhe a pasta de abacate no pão, coloque metade das rodelas de tomate e acomode o atum temperado. Finalize com o tomate restante.

Feche o sanduíche e sirva logo em seguida.

- 15 MINUTOS DE PREPARO
- 6 PORÇÕES

Wraps de salmão com cream cheese

Ingredientes

- 1 copo de cream cheese
- Sal a gosto
- 1 col. (sopa) de suco de limão
- 1 col. (sopa) de azeite
- 6 pães folha ou sírio
- 12 fatias de salmão defumado
- 2 tomates em cubinhos
- Folhas de rúcula a gosto

Modo de preparo

Misture cream cheese, sal, suco de limão e azeite. Mexa bem para incorporar. Espalhe este creme sobre os pães.

Em cada um deles, coloque duas fatias de salmão, uma colher (sopa) de tomate picado e algumas folhas de rúcula. Enrole o sanduíche e sirva.

⏱ 30 MINUTOS DE PREPARO
🍴 6 PORÇÕES

Lanche com ricota e salmão

Ingredientes

- 1 pão de fôrma sem casca cortado na horizontal
- 1 pote de creme de ricota
- ½ xíc. (chá) de cebolinha picada
- ½ col. (chá) de sal
- 100 g de salmão defumado cortado em tiras finas

Modo de preparo

Passe o rolo de massa sobre as fatias de pão até ficarem bem finas. Reserve.

Em uma tigela, misture o creme de ricota, a cebolinha e o sal. Sobre cada fatia de pão, passe uma camada da mistura e distribua as tiras de salmão. Enrole-as como rocambole e envolva com filme plástico.

Leve à geladeira até a hora de servir. Retire o papel e corte em fatias. Disponha numa travessa e decore a gosto.

20 MINUTOS DE PREPARO
2 PORÇÕES

Atum no pão multigrãos

Ingredientes

- 1 lata de atum em água
- 4 col. (sopa) de maionese
- 1 cenoura grande ralada
- 4 col. (sopa) de milho
- 1 xíc. (chá) de azeitonas verdes picadas
- 2 col. (sopa) de salsinha picada
- 2 col. (sopa) de suco de limão
- Azeite a gosto
- 2 pães multigrãos
- ½ maço de alface
- 1 tomate cortado em rodelas finas

Modo de preparo

Faça um patê misturando em uma tigela o atum, a maionese, a cenoura ralada, o milho, a azeitona, a salsinha, o suco de limão e um fio de azeite. Passe o patê nos pães cortados ao meio.

Distribua as folhas de alface e os tomates fatiados e feche os sanduíches.

Receitas Maravilhosas
Peixes e Frutos do Mar

Pizza de sardinha

Ingredientes

MASSA
- 2 ovos
- 1 xíc. (chá) de leite
- 2 xíc. (chá) de farinha
- 2 col. (sopa) rasas de açúcar
- 1 col. (café) de sal
- 1 col. (sopa) de fermento em pó

RECHEIO
- 1 cebola
- ½ pimentão picado
- 3 tomates
- Azeite de oliva e sal a gosto
- 2 latas de sardinha
- Azeitonas pretas e orégano a gosto
- 300 g de queijo muçarela fatiado

Modo de preparo

MASSA

Bata todos os ingredientes no liquidificador, menos o fermento, até ficar uma massa homogênea. Misture o fermento à massa com uma colher. Unte uma forma de pizza redonda ou uma forma quadrada e leve a massa para assar até que comece a dourar. Retire e reserve.

RECHEIO

Refogue a cebola, o pimentão picado e dois tomates picados em uma panela com azeite de oliva. Tampe e deixe cozinhar por cerca de 5 minutos. Amasse a sardinha, coloque junto aos demais ingredientes e deixe cozinhar por mais 5 minutos. Prove e adicione sal a gosto. Coloque o recheio de sardinha por cima da massa reservada, espalhe azeitonas pretas e depois cubra com o queijo muçarela fatiado. Disponha rodelas de um tomate e salpique orégano. Leve ao forno até o queijo derreter.

⏱ 50 MINUTOS DE PREPARO
🍴 8 PORÇÕES

Lanches
Ideias leves e saborosas para uma refeição rápida e de qualidade

Sanduíche expresso de kani

⏱ 20 MINUTOS DE PREPARO 🍴 4 PORÇÕES

Ingredientes

› 200 gramas de kanikama
› 1 xíc. (chá) de cebolinha cortada em fatias bem fininhas
› 1 xíc. (chá) de maionese
› 8 fatias de pão integral
› ½ maço de agrião
› 1 tomate cortado em rodelas finas
› 1 pepino japonês cortado em rodelas finas

Modo de preparo

Desfie o kanikama, coloque-o em uma tigela e junte a cebolinha. Adicione a maionese e misture tudo. Coloque sobre cada fatia de pão uma parte do recheio. Acrescente algumas folhas de agrião, as rodelas de tomate e de pepino. Feche o sanduíche com outra fatia de pão e sirva logo em seguida.

Pizza de atum

Ingredientes

- 2 col. (sopa) de molho de tomate
- 1 disco de massa pré-assada
- 1 e ½ lata de atum ralado em água
- ½ xíc. (chá) de azeitonas pretas
- ½ xíc. (chá) de azeitonas verdes
- ½ cebola em rodelas finas
- 1 col. (café) de orégano
- 1 col. (sopa) de azeite de oliva

Modo de preparo

Espalhe o molho de tomate sobre a massa pré-assada. Em seguida, distribua o atum ralado e escorrido, as azeitonas, o orégano e o azeite. Leve ao forno por 15 minutos. Sirva.

30 MINUTOS DE PREPARO
8 PORÇÕES